NORTON UTILITIES

· · · · ·

**Für Version 4.0
und 4.5**

· · · · ·

STEFAN HERING

__ **Anwenderleitfäden** __

PageMaker Version 3
von Michael H. Müller

LAN
von Gisela Frank

Word 5.0 für Fortgeschrittene
von Peter Rinearson
(Ein Microsoft Press/Vieweg-Buch)

Lotus 1 – 2 – 3 Version 3
von Ekbert Hering

PC-Tools
von Stefan Hering

Norton Utilities
von Stefan Hering

Vieweg

Stefan Hering

ANWENDERLEITFADEN

NORTON
UTILITIES

Für Version 4.0 und 4.5

Springer Fachmedien Wiesbaden GmbH

Das in diesem Buch enthaltene Programm-Material ist mit keiner Verpflichtung oder Garantie irgendeiner Art verbunden. Der Autor und der Verlag übernehmen infolgedessen keine Verantwortung und werden keine daraus folgende oder sonstige Haftung übernehmen, die auf irgendeine Art aus der Benutzung dieses Programm-Materials oder Teilen davon entsteht.

Der Verlag Vieweg ist ein Unternehmen der Verlagsgruppe Bertelsmann International.

ISBN 978-3-528-04743-6   ISBN 978-3-322-93806-0 (eBook)
DOI 10.1007/978-3-322-93806-0

© Springer Fachmedien Wiesbaden 1990
Ursprünglich erschienen bei Friedr. Vieweg & Sohn Verlagsgesellschaft mbH, Braunschweig in 1990.

Inhaltsverzeichnis

1 Einführung

Dieser Programmierleitfaden enthält eine Beschreibung aller Befehle der Norton Utilities (Version 4 und 4.5) einschließlich der Beschreibung ihrer Funktion. Dieses Buch ist so aufgebaut, daß es in erster Linie dem geübten Anwender als Nachschlagewerk dienen wird (alphabetische Befehlsgliederung). Darüberhinaus bietet es auch dem Anfänger durch seine knappe und systematisch gegliederte Form eine wichtige Orientierungshilfe bei der Einarbeitung und beim Umgang mit Norton Utilities. Nicht zuletzt mit Hilfe des umfangreichen Schlüsselverzeichnisses findet der Anwender immer die zu seinen Problemen passenden Lösungen.

1.1 Gliederung

Der Programmierleitfaden ist in insgesamt acht Abschnitte eingeteilt.

Einführung (Abschnitt 1)

Im vorliegenden ersten Abschnitt werden *Installationshinweise* gegeben (Abschnitt 1.2) sowie *zentrale Begriffe* für den Umgang mit Norton Utilities erklärt (Abschnitt 1.3).

Der NORTON INTEGRATOR (Abschnitt 2)

Die Bedienung des NORTON INTEGRATORS, der für Einsteiger eine wichtige Hilfe darstellt, wird erklärt.

Der Menübaum des Hauptprogramms NU (Abschnitt 3)

Die Befehlsstruktur von NU wird in einem Menbaum gezeigt.

Das Hauptprogramm NU (Abschnitt 4)

In diesem Abschnitt werden die einzelnen Menüpunkte des Hauptprogramms NU vorgestellt.

Die Befehle NCC, NDD, SD und SF (Abschnitt 5)

Diese besonders umfangreichen Befehle werden hier gesondert erklärt.

Zusätzliche Befehlsmöglichkeiten (Abschnitt 6)

In diesem Abschnitt werden alle Befehle der Norton Utilities, mit Ausnahme des NORTON INTEGRATORS, des Hauptprogramms NU und der im vorhergehenden Abschnitt besprochenen Befehle in alphabetischer Reihenfolge erläutert. Sie sind alle nach dem gleichen Schema aufgebaut:

a) Erste Zeile

- **Befehlsabkürzung - Befehlsname** in Fettschrift;

- *Anwendungsgebiet* in kursiver Schrift rechts außen.

b) Zweite Zeile

Angabe der Versionen in kursiver Schrift.

c) Syntax des Befehls

Bei der Beschreibung ist folgendes zu beachten:

- Angaben, die nicht in eckigen Klammern stehen, sind erforderlich, damit der Befehl ausgeführt werden kann.

- Angaben in eckigen Klammern sind optional, d.h. sie können, müssen aber nicht gemacht werden.

- Die Reihenfolge der Laufwerks-, Verzeichnis- und Dateiangaben ist streng einzuhalten.

- Die Reihenfolge der Parameter ist beliebig.

- Bei Dateien können, soweit nicht anders erwähnt, die Wildcards ? und * verwendet werden.

d) Ausführliche Befehlsbeschreibung

e) Erklärung der Einstellungen

f) Beispiele

**Nach Anwendungsgebieten geordnete Befehlsliste
(Abschnitt 7)**

Die Befehle sind nach ihren Anwendungsgebieten geordnet.
Ihre Funktion wird kurz erläutert und auf die entsprechenden
Seiten verwiesen.

Schlüsselverzeichnis (Abschnitt 8)

Ausgehend von diesem problemorientierten Befehls- und
Sachwortverzeichnis können alle Fragen des Anwenders beant-
wortet werden. Sie werden an alle wichtigen Stellen verwiesen,
die bei der Lösung Ihrer Aufgaben wichtig sind. Hinter den
Stichworten befinden sich in Klammern die zugehörigen
Befehle, die Sie im alphabetisch geordneten Befehlsteil der
Kaiptel 4, 5 und 6 nachschlagen können.

1.2 Installation der Norton Utilities

Alle Programme der Norton Utilities sind auf drei 5 1/4"-
bzw. auf zwei 3 1/2"-Disketten untergebracht. Wenn Sie oft
Befehle der Norton Utilities verwenden, müssen Sie häufig die
Disketten wechseln. Diese sehr umständliche und zeitraubende
Arbeit können sich Festplattenbesitzer sparen, wenn sie alle
Dateien der Norton Utilites auf die Festplatte kopieren.

Achtung! Peter Norton warnt davor, die Utilities auf der Festplatte zu
installieren, wenn Sie noch gelöschte Dateien auf der Platte haben,
die Sie mit Hilfe der Befehle der Norton Utilities restaurieren wollen; denn das umfangreiche Programmpaket könnte eben diese gelöschten
Dateien überschreiben. Er empfiehlt in einem solchen Falle, den Befehl
QUICK UNERASE (QU) von der Diskette zu starten und die Installation
erst später vorzunehmen.

Besitzer der Version 4 müssen mit dem COPY-Befehl die
Dateien "von Hand" auf die Festplatte kopieren. Am besten
kopieren Sie alle Programme in ein eigenes Verzeichnis, das
nur für die Norton Utilities bestimmt ist. Damit Sie nicht
immer in dieses Verzeichnis wechseln müssen, um einen
Befehl ausführen zu können, sollten Sie in Ihre AUTO-
EXEC.BAT-Datei in Ihren Suchpfad ("PATH=\...") das Verzeichnis mit den Befehlen der Norton Utilities eintragen. Wenn
dieses Verzeichnis z. B. "Norton" heißt, könnte die Befehlszeile
in Ihrer AUTOEXEC.BAT-Datei folgendermaßen lauten:
"path=\norton". Wenn Sie in Ihren Suchpfad bereits andere

Verzeichnisse eingetragen haben, können Sie diese selbstverständlich vor dem Verzeichnis "Norton" stehen lassen. Nun können Sie von jedem Verzeichnis aus die Befehle der Norton Utilities aufrufen.

Besitzer der Version 4.5 haben es deutlich besser: In dieser Version ist ein Installationsprogramm vorhanden, das Ihnen diese Arbeit weitgehendst abnimmt und alle Schritte anschaulich erklärt. Wenn es Fragen an Sie hat, können Sie entweder mit den Cursortasten die richtige Antwort ansteuern und dann <RETURN> drücken oder den farblich gekennzeichneten Anfangsbuchstaben der Antwort drücken. Dieses Programm heißt "INSTALL.EXE" und ist auf der Programmdiskette 1 enthalten. Um es zu starten, geben Sie einfach von Laufwerk A aus "Install" ein.

Das Programm unternimmt folgende Schritte:

1. Es gibt die oben beschriebene Warnung aus und fragt, ob es weitermachen oder beendet werden soll.

2. Das Programm erklärt alle Schritte, die unternommen werden, in Kürze.

3. Das Installationsprogramm sucht nach alten Versionen der Norton Utilities auf der Festplatte.

4. Es fordert den Benutzer auf, den Namen des Verzeichnisses einzugeben, in das die Programme kopiert werden sollen. Wenn es dieses Verzeichnis nicht finden kann, erstellt es ein Verzeichnis dieses Namens.

5. Das Programm fragt, ob die alten Versionen der Norton Utilities (falls vorhanden) gelöscht werden sollen.

6. Die Dateien aller drei bzw. zwei Disketten werden auf die Festplatte kopiert.

7. Es fragt, ob AUTOEXEC.BAT verändert werden soll. Wird diese Frage bejaht, so wird in den Suchpfad ("PATH=\...) das Verzeichnis, in dem die Norton Utilities enthalten sind, eingetragen. Sie können dann von jedem beliebigen Verzeichnis aus Befehle der Utilities aufrufen, ohne in das entsprechende Verzeichnis wechseln zu müssen, was sehr umständlich wäre. Zusätzlich trägt das Programm in die AUTOEXEC.BAT-Datei die Befehlszeile "fr /save" ein,

einen Befehl der Norton Utilities, mit dem Sie die Festplattenstruktur abspeichern und der es Ihnen ermöglicht, Ihre eventuell versehentlich formatierte Festplatte wieder vollständig wiederherzustellen (s. die Beschreibung des Befehls "FORMAT RECOVER").

8. Zu guter Letzt bietet Ihnen INSTALL.EXE an, den DOS-Befehl FORMAT durch den viel leistungsfähigeren Befehl SAFE FORMAT (SF) zu ersetzen. FORMAT.COM wird dann in XXFORMAT.COM umbenannt, während SF den Namen des DOS-Befehls FORMAT erhält (s. die Beschreibung des Befehls "SAFE FORMAT").

1.3 Zentrale Begriffe

Um mit den Norton Utilities effektiv arbeiten zu können, ist es dringend notwendig, sich einige Begiffe klarzumachen. Dieser Abschnitt erklärt Ihnen deshalb die wichtigsten Begriffe, die Sie benötigen, um die Norton Utilities besser zu verstehen.

1.3.1 Aufbau der Diskette/Festplatte

Eine Diskette besteht (s. Bild 1-1) aus Spuren, Sektoren, Segmenten und Clustern. Diese Begriffe werden im folgenden erklärt.

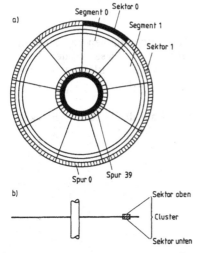

Bild 1-1

Aufbau einer Diskette

Spuren (Tracks)

Spuren sind *konzentrische Kreise* um den Mittelpunkt der Diskette bzw. der Festplatte. Sie sind im Gegensatz zur Schallplatte in sich geschlossen. Die Spuren werden, beginnend bei Spur 0, von außen nach innen durchnumeriert. Die Anzahl der Spuren hängt von der Diskettenkapazität ab:

```
360  kB: 40 Spuren
720  kB: 80 Spuren
1.2  MB: 80 Spuren
1.44 MB: 80 Spuren
```

Segmente (Sectors)

Die Diskette/Festplatte wird in *kuchenähnliche Kreissegmente* unterteilt. Auch hier hängt die Anzahl der Kreisausschnitte von der Kapazität der Diskette ab:

```
360 kB und 720 kB: 9 Segmente
1.2  MB:          15 Segmente
1.44 MB:          18 Segmente
```

Achtung! Peter Norton nennt die Segmente in seinen Programmen auch "Sectors". Dies kann zu Verwechslungen zwischen Segmenten und Sektoren führen!

Sektoren (Sectors)

Die Spuren werden durch die oben beschriebenen Segmente in einzelne Sektoren unterteilt (s. Bild 1-1). Diese werden auch als *Blöcke* bezeichnet. Die Sektoren (bzw. Blöcke) werden gemäß nachstehendem Bild durchnumeriert.

Die Diskettengröße bestimmt die Anzahl der Sektoren (Blöcke):

```
360 kB:  720 Sektoren
720 kB: 1440 Sektoren
1.2 MB: 2400 Sektoren
1.44 MB: 2880 Sektoren
```

Segment	0	1	2	3	4	5	6	7	8
Spur 0	0	1	2	3	4	5	6	7	8
Spur 1	18	19	20	21	22	23	24	25	26
Spur 2	36	37	38	39	40	41	42	43	44
⋮									
Spur 39	702	703	704	705	706	707	708	709	710

Seite 0

Segment	0	1	2	3	4	5	6	7	8
Spur 0	9	10	11	12	13	14	15	16	17
Spur 1	27	28	29	30	31	32	33	34	35
Spur 2	45	46	47	48	49	50	51	52	53
⋮									
Spur 39	711	712	713	714	715	716	717	718	719

Seite 1

**Bild 1-2 Numerierung der Sektoren (Blöcke) einer
360 kB-Diskette**

Cluster (Clusters)

Cluster sind nach den Sektoren die nächst größere Verwaltungseinheit. Ein Cluster besteht deshalb aus einem oder aus mehreren Sektoren. Cluster erfüllen eine wichtige Aufgabe; denn Dateien sind in Clustern organisiert, d. h. beim Laden und Speichern von Dateien wird auf die Cluster zurückgegriffen und nicht auf Sektoren.

Die Anzahl der Sektoren pro Cluster ist wieder von der Speicherkapazität abhängig. Das Bild (Aufbau einer Diskette) zeigt einen Cluster, bestehend aus zwei übereinander liegenden Sektoren, wie dies bei 360 kB-Disketten und 720 kB-Disketten der Fall ist.

```
360 kB: 2 Sektoren = 1 Cluster
720 kB: 2 Sektoren = 1 Cluster
1,2 MB:  1 Sektor = 1 Cluster
1,44 MB: 1 Sektor = 1 Cluster
```

Zylinder (Cylinders)

Eine Festplatte besteht nicht, wie eine Diskette, aus einer einzigen Platte, sondern aus mehreren. Alle *übereinanderliegenden* Spuren dieser Scheiben bilden einen Zylinder. Die Anzahl der Platten hängt von der Festplattenkapazität ab.

1.3.2 Logischer Aufbau der Diskette/Festplatte

In diesem Abschnitt werden diejenigen Bereiche der Diskette beschrieben, die organisatorische Aufgaben erfüllen und von MS-DOS beim Formatieren erstellt werden.

Boot Sector

Der Boot Sektor (Spur 0, Seite 0) steuert den Startvorgang des Computers von der Diskette/Festplatte. Ist auf einer Diskette der Boot Sektor defekt, kann von dieser aus das System nicht mehr gestartet werden.

Directory (Verzeichnis)

Im Verzeichnis sind in 32 Byte folgende Informationen über jede Datei (die im Verzeichnis steht) gespeichert:

```
Bytes 0-7:   Name der Datei
Bytes 8-10:  Namenserweiterung
Byte 11:     Attribute
Bytes 12-21: DOS-spezifisch
Bytes 22-23: Zeit
Bytes 24-25: Datum
Bytes 26-27: Startcluster
Bytes 28-31: Größe
```

Zusätzlich enthält jedes Verzeichnis noch den Verweis auf das übergeordnete Verzeichnis und Informationen über untergeordnete Verzeichnisse. Diese werden wie normale Dateien verwaltet; sie enthalten allerdings keine Angaben über Größe, Zeit und Datum. Außerdem ist im Attribut-Byte vermerkt, daß es sich um ein Verzeichnis handelt. Der Startcluster entspricht dann dem Ort, in dem sich das Unterverzeichnis befindet.

Dateiattribute

Jede Datei besitzt bestimmte Eigenschaften, die normalerweise für den Benutzer unsichtbar sind, da sie vom DIR-Befehl nicht ausgegeben werden. Mit dem Befehl FILE ATTRIBUTE (FA) kann man sie sichtbar machen und sie verändern. Mögliche Attribute sind:

Archiv-Dateien (Archive): Von diesen Dateien wurde in ihrem momentanen Zustand noch keine Kopie erstellt.

Versteckte Dateien (Hidden): Diese Dateien werden vom DIR-Befehl nicht angezeigt existieren aber trotzdem und können, wie jede andere Datei, auch aufgerufen werden. Man kann sie allerdings weder löschen noch verändern. FA macht diese Dateien sichtbar.

Read-Only-Dateien (Read Only): Dateien mit diesem Attribut können zwar gelesen und ausgeführt, aber nicht verändert oder gelöscht werden. Sie sind im Verzeichnis sichtbar.

System-Dateien (System): Die Systemdateien sind versteckt und können nur gelesen werden. Ein Beispiel hierfür ist z. B. die Datei "IBMDOS.COM" bzw. "MSDOS.COM". Sie ist auf jeder formatierten und bootfähigen Diskette enthalten.

Partition Table

Eine Festplatte kann aus verschiedenen, voneinander völlig unabhängigen Teilen (partitions) bestehen, von denen jedes einen eigenen Laufwerksbuchstaben besitzt. Die Partition Table verwaltet die verschiedenen Bereiche der Festplatte.

Fragmentierung

Eine Datei ist aus mehreren Clustern zusammengesetzt. Wird eine Datei gelöscht, die sich nicht ganz am Ende der Diskette befindet, entsteht eine Lücke aus wiederbeschreibbaren Clustern auf der Diskette/Festplatte. MS-DOS ist immer bemüht, diese Lücken zu füllen. Wenn Sie dann wieder eine Datei abspeichern, wird das Betriebssystem zuerst alle Lücken mit dieser Datei füllen, was dazu führt, daß sie auf die ganze Diskette verteilt wird und nicht mehr hintereinander liegt. Diesen Zustand nennt man *Fragmentierung*. Die Fragmentierung einer Diskette hat viele Nachteile: Der Schreib/Lesekopf muß sich die Cluster, die zu dieser Datei gehören, einzeln zusammensuchen und sich auf der ganzen Diskette bewegen, was die Ladezeit erheblich erhöht. Außerdem muß dem Computer mitgeteilt werden, aus welchen Clustern sich die Datei zusammensetzt; denn es genügt nicht mehr, den Anfangs- und den Endcluster der Datei anzugeben. Diese Aufgabe erfüllt , wie im folgenden beschrieben, die FAT.

File Allocation Table (FAT)

In der FAT kann das Betriebssystem nachlesen, aus welchen Clustern sich die Dateien zusammensetzen, da diese im allgemeinen nicht hintereinander liegen (s. Fragmentierung).

Um jeden Cluster der Diskette einer Datei zuordnen zu können, muß für jeden Cluster ein Eintrag in der FAT vorhanden sein. Je größer die Speicherkapazität der Diskette ist, desto größer muß deshalb auch die FAT sein.

Beim Laden einer Datei entnimmt das Betriebssystem dem Verzeichnis den *Startcluster* der Datei und liest diesen ein. Dann schaut es in der FAT bei dem Eintrag nach, der dem Startcluster zugeordnet ist. An dieser Stelle steht die Nummer des nächsten Clusters, der zu der Datei gehört. MS-DOS liest diesen ein und schaut wieder beim entsprechenden Eintrag in der FAT nach, der wieder auf den nächsten Cluster verweist usw. Das Betriebssystem liest diese Einträge so lange, bis alle Cluster der Datei eingelesen sind. Beim Eintrag des zuletzt eingelesenen Clusters steht eine "End of File"-Markierung (EOF). Diese Markierung zeigt, daß das Ende der Datei erreicht ist und sorgt dafür, daß der Lesevorgang beendet wird. Freie Cluster enthalten in der FAT keinen Eintrag und sind zur Speicherung freigegeben. Wenn Sie eine Datei löschen, werden die Cluster dieser Datei ebenfalls wieder freigegeben. Aus diesem Grunde sollten Sie, wenn Sie versehentlich eine Datei gelöscht haben, QUICK UNERASE (QU) so früh wie möglich aufrufen, da einzelne Cluster der Datei sonst überschrieben werden und die Datei dann kaum noch korrekt rekonstruiert werden kann.

Jede Diskette bzw. Festplatte hat übrigens nicht nur eine FAT, sondern mindestens zwei. Das hat einen einfachen Grund: Würde durch einen Unfall die einzige FAT der Diskette zerstört werden, wäre die gesamte Diskette unbrauchbar, da das Laufwerk auf die Daten nicht mehr zugreifen könnte. Zum Glück kann in einem solchen Falle das Betriebssystem auf die Kopie der FAT zugreifen.

Sektorbelegung

Nicht alle Sektoren können zur Datenspeicherung verwendet werden; denn das Hauptverzeichnis, die FATs und der Bootsektor brauchen auch ihren Platz. Die Aufteilung des Raumes ist dabei bei den verschiedenen Formaten sehr unterschiedlich:

```
360kB-Diskette:
          Sektor 0:        Bootsektor
       Sektoren 1-4:       FAT+Kopie
      Sektoren 5-11:       Hauptverzeichnis
     Sektoren 12-719:      frei zur Datenspeicherung

720kB-Diskette:
          Sektor 0:        Bootsektor
       Sektoren 1-6:       FAT+Kopie
      Sektoren 7-13:       Hauptverzeichnis
    Sektoren 14-1439:      frei zur Datenspeicherung

1.2 MB-Diskette:
          Sektor 0:        Bootsektor
      Sektoren 1-14:       FAT+Kopie
     Sektoren 15-28:       Hauptverzeichnis
    Sektoren 29-2399:      frei zur Datenspeicherung

1.44 MB-Diskette:
          Sektor 0:        Bootsektor
      Sektoren 1-18:       FAT+Kopie
     Sektoren 19-32:       Hauptverzeichnis
    Sektoren 33-2879:      frei zur Datenspeicherung
```

Slack

Eine Datei wird prinzipiell in ganzen Clustern gespeichert.
Auch eine 5 Bytes große Datei belegt 1 Cluster, d. h. 1024
Bytes (bei 360 kB-Disketten). Damit entsteht ein nicht nutz-
barer Speicherplatz auf der Diskette, der Slack genannt wird.
Der Slack ist also die Differenz zwischen wahrer Größe und
tatsächlich belegtem Speicherplatz. Beträgt er 100%, so belegt
die Datei doppelt soviel Speicherplatz als notwendig wäre.

Löschen

Das Löschen ist eigentlich gar kein Löschvorgang im eigentlichen Sinne. Würden alle von der Datei belegten Cluster überschrieben, wäre das Löschen eine langwierige Prozedur.

12

Wenn mit dem "DEL"-Befehl eine Datei gelöscht wird, werden lediglich die von der Datei belegten Cluster in der FAT wieder zur Speicherung freigegeben. Zusätzlich wird im Verzeichnis der erste Buchstaben des Dateinamens mit dem griechischen Zeichen Sigma überschrieben, um die Datei als gelöscht zu markieren.

Nach dem versehentlichen Löschen einer Datei sollten Sie diese mit QUICK UNERASE (QU) möglichst schnell wieder zum Leben erwecken; denn wenn Sie neue Dateien auf der Diskette abspeichern, werden diese früher oder später die von der Datei benötigten Cluster überschreiben. Die Möglichkeit, die gelöschte Datei zu restaurieren, sinkt also mit jedem Speichern einer neuen Datei auf der Diskette erheblich.

Media Descriptor

Der Befehl DISK INFORMATION (DI) der Norton Utilities gibt den sogenannten "Media Descriptor" an, den der Befehl aus dem Bootsektor gewinnt. Der Media Descriptor ist eine hexadezimale Zahl, die angibt, um welches Speichermedium es sich handelt. Die Zahlen haben dabei folgende Bedeutung:

```
FF:  5 1/4"-Diskette mit 320 kB
FE:  5 1/4"-Diskette mit 160 kB
FD:  5 1/4"-Diskette mit 360 kB
FC:  5 1/4"-Diskette mit 180 kB
F9:  5 1/4"-Diskette mit 1.2 MB oder
     3 1/2"-Diskette mit 720 kB
F0:  3 1/2"-Diskette mit 1.44 MB
F8:  Festplatte
```

Wildcards * und ?

Diese beiden Zeichen sind Platzhalter für beliebige Zeichen. Das Fragezeichen (?) steht für *ein* beliebiges Zeichen und der Stern (*) für eine *Vielzahl* beliebiger Zeichen.

Beispielsweise kann "?aus.bin" die Datei "Haus.bin", "Laus.bin" oder "Maus.bin" sein.

Mit "R*.bin" werden beispielsweise alle Dateien mit dem Anfangsbuchstaben "R" und der Endung ".bin" angesprochen.

13

2 Der Norton Integrator

Der Norton Integrator (NI) nimmt eine Sonderstellung unter den Befehlen der Norton Utilities ein; denn er zeigt alle Befehle im Überblick und ist gleichzeitig so etwas wie ein Handbuch der Norton Utilities.

Mit dem Norton Integrator können Sie auf bequeme Weise Befehle der Norton Utilities ausführen, ohne den Aufbau dieser Befehle kennen zu müssen, denn NI beschreibt die Syntax jedes Kommandos.

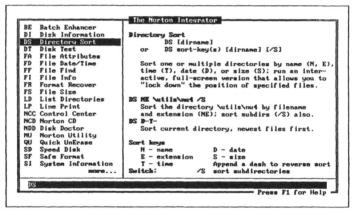

Bild 2-1 Norton Integrator

NI - NORTON INTEGRATOR   *Information*
Version 4, 4.5

ni

Nach dem Aufruf ist der Bildschirm dreigeteilt: Auf der linken Bildschirmschirmseite sind alle Befehle der Norton Utilities aufgelistet. Der Leuchtbalken markiert den gerade ausgewählten Befehl. Auf dem rechten Bildschirmbereich steht immer eine Beschreibung des aktuellen Kommandos, der Sie die richtige Syntax entnehmen können. In der letzten Zeile können Sie den Befehl eingeben, den Sie ausführen wollen.

14

Im folgenden sehen Sie die erste Befehlsbeschreibung dieses Buches. Nach dem Befehlsnamen (NORTON INTEGRATOR) folgt die Befehlabkürzung (NI); rechts außen wird auf die Anwendung hingewiesen (*Information*). In den folgenden Zeilen steht zunächst die Versionenangabe, dann die Syntax (hier schlicht "ni"). Danach folgt die ausführliche Beschreibung.

Wenn Sie einen bestimmten Befehl von NI aus aufrufen wollen, wählen Sie ihn mit <Cursor hoch> und <Cursor runter> aus. Geben Sie dann in der letzten Zeile den Befehl mit allen gewünschten Parametern ein. Mit <RETURN> wird der Befehl ausgeführt. Nach der Ausführung befindet sich der Benutzer wieder im NI. Mit <Esc> wird NI verlassen. Im Norton Integrator haben Sie die Möglichkeit der Schnell-Suche: Mit der <TAB>-Taste können Sie diesen Modus aktivieren. Sie müssen dann nur den Anfangsbuchstaben angeben, und NI springt zum nächsten Befehl in der Liste mit diesem Anfangsbuchstaben. Wenn der Anfangsbuchstabe nicht genügt, um den Befehl anzusteuern, geben Sie einfach den zweiten Buchstaben des Namens ein, um den richtigen auszuwählen. Mit <Ctrl-Home> und <Ctrl-End> springt NI an den Anfang bzw. das Ende der Befehlsliste, mit <Home> bzw. <End> an den Anfang bzw. das Ende der Parameterliste auf der rechten Bildschirmseite.

Der Norton Integrator erleichtert dem Anfänger den Befehlsaufruf und gibt dem erfahrenen Benutzer eine übersichtliche Beschreibung der Syntax des gesuchten Befehls und erspart ihm somit das langwierige Blättern im Handbuch. Er steigert auf diese Weise den Bedienungskomfort der Norton Utilities erheblich.

3 Der Menübaum des Hauptprogramms NU

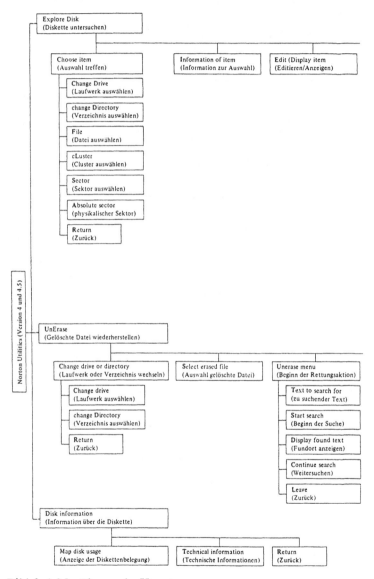

Bild 3-1 Menübaum des Hauptprogramms

16

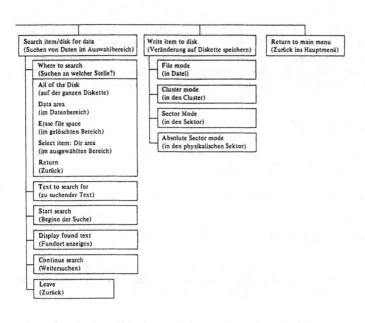

Search item/disk for data
(Suchen von Daten im Auswahlbereich)

Write item to disk
(Veränderung auf Diskette speichern)

Return to main menu
(Zurück ins Hauptmenü)

Where to search
(Suchen an welcher Stelle?)

All of the Disk
(auf der ganzen Diskette)

Data area
(im Datenbereich)

Erase file space
(im gelöschten Bereich)

Select item: Dir area
(im ausgewählten Bereich)

Return
(Zurück)

Text to search for
(zu suchender Text)

Start search
(Beginn der Suche)

Display found text
(Fundort anzeigen)

Continue search
(Weitersuchen)

Leave
(Zurück)

File mode
(in Datei)

Cluster mode
(in den Cluster)

Sector Mode
(in den Sektor)

Absolute Sector mode
(in den physikalischen Sektor)

Return
(Zurück)

17

4 Das Hauptprogramm (NU) der Norton Utilities

Das Hauptprogramm der Norton Utilities ist ein Diskettenmonitor. Mit seiner Hilfe können Sie z. B. verlorengegangene Daten retten, wenn QU (restauriert gelöschte Dateien) erfolglos war, Daten auf der ganzen Diskette bzw. Festplatte suchen oder sich vielfältige Informationen anzeigen lassen.

4.1 Aufruf

NU können Sie mit vielfältigen Parametern und auf verschiedenste Art und Weise aufrufen.

nu [Laufwerk] [Verzeichnis] [Datei] [Parameter]

[Laufwerk]: Angabe des Laufwerks, von dem aus NU aufgerufen werden soll.

[Verzeichnis]: Angabe des Verzeichnisses, dessen Dateien untersucht werden sollen. Sie können dieses Verzeichnis auch noch später im Hauptprogramm bestimmen.

[Datei]: Angabe der Datei, die später untersucht werden soll. Auch diese können Sie noch später auswählen. Wildcards (* und ?) dürfen nicht verwendet werden.

[Parameter]:
/bn: Nur Version 4. Definition der Hintergrundfarbe (Werte von 1 bis 15 - kann nur von Farbbildschirmen genutzt werden).

/bw: Monochrome Darstellung.

/d: Hiermit wird der Bildschirmtreiber ausgewählt.
   /d0: normaler Bildschirmtreiber für IBM-Kompatible (voreingestellt).
   /d1: Treiber für Rechner, die nur BIOS-kompatibel zum IBM PC sind.
   /d2: Für "Härtefälle" in der Kompatibilität. Um den Parameter /d2 anwenden zu können, muß aber die Zeile "DEVICE=\ANSI.SYS" in CONFIG.SYS eingetragen sein.

/ebcdic: Dateien, die im EBCDIC-Code, der besonders bei Großrechnern Verwendung findet, vorliegen, werden richtig verarbeitet.

/ext: Nur Version 4. Der erweiterte Zeichensatz (Zeichen oberhalb des ASCII-Codes 127) wird verwendet. Notwendig, um die deutschen Sonderzeichen verwenden zu können.

/fn: Nur Version 4. Definition der Vordergrundfarbe (Werte von 1 bis 15 - kann nur von Farbmonitoren genutzt werden).

/m: Ab Advanced Editon 4.0. Die Struktur der Diskette wird nicht eingelesen. Auf diese Weise können Sie auch mit Disketten arbeiten, deren Struktur zerstört oder die ganz anders organisiert sind (z. B. Spieledisketten). Allerdings können Sie dann innerhalb von NU nicht mehr mit Dateien und Verzeichnissen arbeiten, sondern nur noch mit Clustern und Sektoren.

/nosnow: Nur Version 4.5. Ältere CGA-Karten flackern lästig. Mit Hilfe dieses Schalters wird dieses Flackern verhindert.

/p: Es werden für den Bildschirmaufbau nur Zeichen des ASCII-Codes unterhalb der Nummer 127 verwendet. Wichtig für Rechner, die nur teilweise kompatibel sind.

/tv: Nur Version 4. Macht die Arbeit von NU unter TopView und Microsoft Windows möglich.

/ws: Ab Version 4.5. Verwertet WordStar-Dateien oder Dateien von anderen Textprogrammen, die das achte Bit des ASCII-Codes für ihre eigenen Zwecke nutzen, korrekt, indem das achte Bit einfach nicht beachtet wird. Leider können deshalb keine deutschen Sonderzeichen verwendet werden.

4.2 Bedienung

Die Bedienung des Programms ist bei allen Menüpunkten ähnlich. Aus diesem Grund wird nicht bei jedem Menüpunkt die Steuerung vollständig beschrieben, sondern nur auf die Besonderheiten aufmerksam gemacht.

Cursortasten: Auswahl des gewünschten Menüpunktes oder Anwahl einer bestimmten Stelle im Menüpunkt.

Anfangsbuchstabe: Ein Menüpunkt kann auch durch Drücken des farblich dargestellten Buchstabens im Menüpunkt aktiviert werden. Dieser ist meist der Anfangsbuchstabe.

<Return>: Aufruf des angewählten Menüpunktes oder Aktivierung einer Funktion innerhalb eines Menüpunktes.

<Esc>: Bricht das aktuelle Menü ab.

<F1>: Erteilt Ihnen Hilfe zu NU.

<F10>: Bricht das aktuelle Menü ab.

<Alt+F1>: Schaltet die Monochromdarstellung ein bzw. aus (siehe /bw).

<Alt+F2>: Es werden für den Bildschirmaufbau nur Zeichen des ASCII-Codes unterhalb der Nummer 127 verwendet. Wichtig für Rechner, die nur teilweise kompatibel sind (siehe /p).

<Alt+F3>: Nur Version 4. Vordergrundfarbe einstellen (siehe /fn)

<Alt+F4>: Nur Version 3 und 4. Hintergrundfarbe einstellen (siehe /bn)

<Alt+F5>: Der EBCDIC-Code wird korrekt verarbeitet (siehe /ebcdic).

<Alt+F6>: Bei Version 4: Erweiterter Zeichensatz (siehe /ext). Bei *Version 4.5*: WordStar-Dateien werden korrekt verarbeitet (siehe /ws).

4.3 Das Hauptmenü

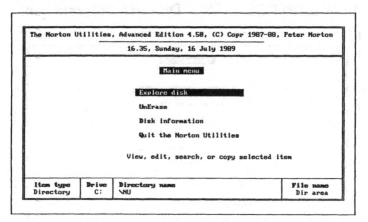

```
The Norton Utilities, Advanced Edition 4.50, (C) Copr 1987-88, Peter Norton
                        16.35, Sunday, 16 July 1989


                              Main menu


                           Explore disk

                           UnErase

                           Disk information

                           Quit the Norton Utilities


                    View, edit, search, or copy selected item


  Item type   Drive  Directory name                         File name
  Directory   C:     \NU                                     Dir area
```

Bild 4-1 Hauptmenü

Nach dem Aufruf sehen Sie das Hauptmenü mit den drei
Hauptpunkten von NU (s. Bild 4-1). Links unten sehen Sie,
welchen Teil der Diskette Sie untersuchen wollen (Verzeichnis,
Datei, Cluster, Sektor, FAT, Bootsektor). Rechts daneben steht
der Name des aktuellen Laufwerks, in der Mitte der Namen
des aktuellen Verzeichnisses. Haben Sie einen Cluster zum
Untersuchen angewählt, steht an dieser Stelle die Position des
aktuellen Clusters auf der Diskette. Rechts unten steht der
Name der gerade ausgewählten Datei. Unter den Menüpunkten
steht immer eine kurze Beschreibung der gerade getroffenen
Auswahl, damit Sie wissen, was dieser Menüpunkt bewirkt. In
den beiden obersten Zeilen steht der Copyrightverweis sowie
das aktuelle Datum und die aktuelle Zeit.

Im folgenden finden Sie Informationen zu sämtlichen Menüpunkten, geordnet nach dem jeweiligen Ort in der
Menüstruktur (vgl. auch Abschnitt 3). Dabei bedeutet ein Bul-
let-Zeichen (o), das einem Befehl vorausgeht, daß Sie sich auf
der ersten Ebene im jeweiligen Menü befinden. Zwei Punkte
vor einem Befehl (oo) bedeuten, daß Sie sich auf der nächsten
unteren Ebene befinden, usw.

4.4 Sämtliche Befehle des Hauptprogramms NU

4.4.1 EXPLORE DISK – Diskette untersuchen

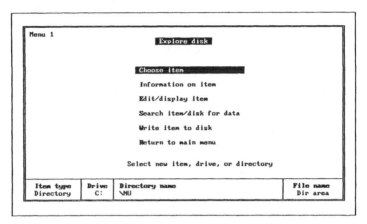

Bild 4-2 EXPLORE DISK

Dieser Menüpunkt gibt Ihnen alle Möglichkeiten, die innersten Geheimnisse Ihrer Disketten zu lüften. Sie können sich jeden einzelnen Cluster der Diskette ansehen, die FAT erkunden, den Bootsektor untersuchen und vieles mehr.

o   **CHOOSE ITEM – Auswahl treffen**

Sie können hier bestimmen, was untersucht werden soll. Dieses Menü besitzt folgende sechs Untermenüpunkte: CHANGE DRIVE, CHANGE DIRECTORY, FILE, CLUSTER, SECTOR, ABSOLUTE SECTOR.

oo   **CHANGE DRIVE – Laufwerk auswählen**

Mit diesem Befehl wird das Laufwerk ausgewählt.

oo   **CHANGE DIRECTORY –
Verzeichnis auswählen**

Damit wird das Verzeichnis ausgewählt. Nach dem Aufruf erscheint ein Verzeichnisbaum, von dem Sie mit den Cursortasten und <RETURN> das gewünschte Verzeichnis aussuchen können.

22

oo   FILE - Datei auswählen

Wählen Sie aus der Liste der Dateien des aktuellen Verzeichnisses die gewünschte Datei aus.
Durch Drücken der Tasten <PgUp> und <PgDn>
wird an den Anfang bzw. das Ende der Liste
gesprungen. Sie können sich auch durch Eingabe
des Anfangsbuchstabens der Datei schnell in der
Liste bewegen. NU springt dann zur ersten
Datei mit diesem Anfangsbuchstaben. Das Pro-
gramm zählt zu den Dateien auch einige Berei-
che der Diskette, die strenggenommen gar keine
Dateien sind. Befinden Sie sich im Hauptver-
zeichnis, so sind das folgende Pseudodateien:
BOOT Area (Bootsektor), FAT Area (Ort der
FAT) und ROOT dir (in diesem Bereich ist die
Hauptverzeichnisstruktur abgespeichert). In
Unterverzeichnissen kommen zwei Pseudoda-
teien vor: DIR Area (dort ist die Struktur dieses
Verzeichnisses abgespeichert) und Patent Area
(Zeiger für übergeordnetes Verzeichnis).

oo   CLUSTER - Cluster auswählen

Auswahl eines Clusters oder mehrerer aufeinan-
der folgender Cluster.

oo   SECTOR - Sektor auswählen

Auswahl eines Sektors oder mehrerer aufeinan-
der folgender Sektoren.

oo   ABSOLUTE SECTOR - physikalischer Sektor

Dieser Menüpunkt ist nur in der Advanced
Edition und der Version 4.5 enthalten. Um
einen Sektor absolut auszuwählen, müssen Sie
die Seite der Festplatte, die Nummer des Zylinders, die Nummer des Sektors innerhalb dieses
Zylinders und die absolute Gesamtnummer des
Sektors angeben. Allerdings wird diese Routine
erst interessant, wenn man seine Festplatte in
mehrere logische Laufwerke unterteilt hat. Der

absolute Sektor Nr. 100 z.B. ist in jedem Fall der Sektor 100 der gesamten Festplatte und nicht der Sektor 100 eines logischen Laufwerkes. Haben Sie Ihre Festplatte nicht in mehrere Laufwerke aufgeteilt, können Sie genauso den viel unkomplizierteren Menüpunkt SECTOR zur Sektorwahl benutzen.

o   **INFORMATION OF ITEM -**
     Informationen zur Auswahl

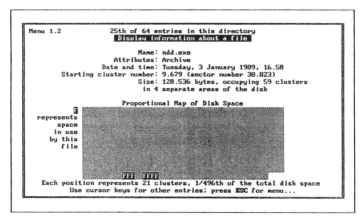

Bild 4-3 Dateiinformation

Es werden Informationen zur gewählten Datei gegeben (s. Bild 4-3). Mit den Cursortasten können Sie sich in der Dateiliste fortbewegen. <Home> oder <Pos1> bringt Sie zur ersten Datei des Verzeichnisses, <End> zur letzten. Mit <PgUp> und <PgDn> können Sie in der Dateiliste schneller vorankommen.

Auch die Pseudodateien (BOOT Area, FAT Area, Root Area) und sogar gelöschte Dateien werden dokumentiert. Bei letzteren wird angegeben, ob die Möglichkeit besteht, sie zu restaurieren.

```
 make-tut.bat ───────────────────────────────────── Hex format ─
 Cluster 7.118, Sectors 28.579-28.582          File offset 8, hex 8
6563686F 28676666 8D8A636C 738D8A8D 8A3A4245 47494E8D cho off/Ecls/E/E:BEGIN/
8A494628 45584953 54286D61 6B652D74 75742E62 696E2867 EIF EXIST make-tut.bin g
6F746F28 42454749 4E328D8A 676F746F 284D4953 53494E47 oto BEGIN2/Egoto MISSING
8D8A8D8A 3A424547 494E328D 8A494628 45584953 54286265 /E/E:BEGIN2/EIF EXIST be
2E657865 28676F74 6F285441 52474554 8D8A676F 746F284D .exe goto TARGET/Egoto M
49535349 4E478D8A 8D8A8D8A 3A544152 4745548D 8A494628 ISSING/E/E/E:TARGET/EIF
25312E28 3D3D282E 28676F74 6F284E4F 5F544152 478D8A67 x1. == . goto NO_TARG/Eg
6F746F28 5741524E 494E478D 8A8D8A3A 4E4F5F54 4152478D oto WARNING/E/E:NO_TARG/
8A656368 6F898928 416E2065 72726F72 28686173 286F6363 Eechoo An error has occ
75727265 648D8A65 63686F3A 8D8A6563 686F284E 6F286472 urred/Eecho:/Eecho No dr
69766528 6C657474 65722873 7065636 6669656 28666F72 ive letter specified for
28746865 28646573 74696E61 74696F6E 2E8D8A65 63686F6F the destination./Eechoo
8928496E 7374616C 6C617469 6F6E2861 626F7274 65648D8A o Installation aborted./
8A656368 6F28586C 65617365 28707072 76696465 28746865 Eecho Please provide the
28646573 74696E61 74696F6E 28647269 76652E8D 8A656368 destination drive./Eech
6F3A8D8A 6563686F 89892820 2820466F 72286578 616D706C o:/Eechoo    For exampl
652E2E2E 8D8A6563 686F284D 414B452D 54555428 433A2820 e.../Eecho MAKE-TUT C: (
616E7920 64726976 65206C65 74746572 298D8A67 6F746F28 any drive letter)/Egoto
454E448D 8A8D8A3A 5741524E 494E478D 8A656368 6F3A8D8A END/E/E:WARNING/Eecho:/E
6563686F 28596F75 2863616E 6E6F7428 72756E28 4D414B45 echo You cannot run MAKE
2D545554 2866726F 6D287468 65286F72 6967696E 616C2866 -TUT from the original f
6C6F7070 79206469                                      loppy di
                   Press Enter to continue
1Help  2Hex  3Text  4Dir  5FAT  6Partn  7     8Choose 9Undo  18QuitNU
```

Bild 4-4 Hexadezimal-Editor

Dieser Menüpunkt gibt Ihnen die Möglichkeit, sich die Daten des ausgewählten Bereiches genau anzusehen. Es gibt dabei fünf verschiedene Darstellungsarten:

Directory Display: Alle wichtigen Informationen wie Name, Größe, Datum, Zeit, Anfangscluster und gesetzten Attribute der Dateien des aktuellen Verzeichnisses werden angezeigt. Diese Darstellungsform ist voreingestellt. Mit den Cursortasten oder <TAB> können Sie sich in der Liste fortbewegen. Ab der Advanced Edition der Version 4 besteht auch die Möglichkeit, die Werte im Verzeichnis zu verändern. Geben Sie einen ungültigen Wert an, wie z.B. der 98. Monat, so wird der höchste zulässige Wert eingestellt - in diesem Fall der 12. Monat. Die Dateiattribute können Sie mit der Leertaste setzen bzw. löschen.

Text Display: Die ausgewählte Datei wird wie eine Textdatei behandelt und deshalb genauso ausgedruckt. Sonderzeichen werden durch eine andere Schriftart hervorgehoben. Diese Form der Darstellung ist nur bei Textdateien sinnvoll. In der obersten Zeile steht der Dateiname, in der zweiten Zeile auf der linken Seite die Position der Datei auf der Diskette oder Festplatte und auf der rechten Seite der Abstand vom Dateianfang. Diese Information ist besonders dann wichtig, wenn man bestimmte Bytes der Dateien modifizieren will (Aktivierung durch <F3>).

Hex Editor: Bei dieser Darstellungsart wird auf der linken Seite der ASCII-Code des Zeichens in hexadezimaler Darstellung angegeben und auf der rechten Seite das entsprechende ASCII-Zeichen (s. Bild 4-4). Diese Zeichen ergeben bei Programmdateien natürlich keinen Sinn. Für diese Dateien ist nur die linke Seite relevant. In der obersten Zeile steht wieder der Dateiname, in der zweiten Zeile auf der linken Seite die Position der Datei auf der Diskette oder Festplatte und auf der rechten Seite der Abstand vom Dateianfang. Wenn Sie ein bestimmtes Byte modifizieren wollen, wählen Sie es mit den Cursortasten an und überschreiben den alten Wert. Der neue Wert wird farblich dargestellt. Mit <RETURN> wird er übernommen, mit <F9> wird wieder der alte Wert verwendet. Sie können die neuen Werte sowohl auf der linken als auch auf der rechten Seite eingeben. NU paßt dann die andere Seite automatisch an. Wenn Sie den Editor verlassen wollen und Änderungen vorgenommen haben, fragt NU, ob es die Werte abspeichern oder übergehen soll (Aktivierung durch <F2>).

FAT-Editor: Dieser Modus ist ab der Advanced Edition der Version 4 vorhanden. Er kann nur aufgerufen werden, wenn bei CHOOSE ITEM die FAT ausgewählt wurde. In der FAT wird angegeben, aus welchen Clustern sich die Dateien zusammensetzen. Eine *"End of File"*-Markierung zeigt an, daß die Datei an dieser Stelle zuende ist. Wenn Ihnen die Organisation der FAT nicht mehr klar ist, können Sie die Erklärung noch einmal bei den zentralen Begriffen in Abschnitt 1.3 nachlesen. Rechts oben steht die Beschreibung der Position, an der man sich gerade befindet. Mit <TAB> und <SHIFT+TAB> oder den Cursortasten bewegen Sie sich in der Tabelle. Die Werte können Sie einfach überschreiben, als EOF-Marke (durch Drücken der Taste "E") oder als defekten Sektor (durch Drücken der Taste "B") markieren. Mit <RETURN> wird der neue Wert übernommen, mit <F9> wird wieder der alte verwendet. Hinweis: Es ist dringend davor zu warnen, mit der FAT herumzuexperimentieren, da unter Umständen die gesamte Struktur des Datenträgers zerstört werden könnte! Zur Sicherheit sollten Sie nur an Kopien Veränderungen vornehmen (Aktivierung mit <F5>).

```
 Side 0, Cylinder 0, Sector 1 ═══════════════════ Partition Table format

                        Partition Table Editor

         ┌──────┬─────────────────────┬─────────────────────┬──────────┬──────────┐
         │      │  Starting location  │   Ending location   │ Relative │ Number of│
  System │ Boot │Side Cylinder Sector │Side Cylinder Sector │ Sectors  │ Sectors  │

    ?      No    0      0       0      0      0       0          0          0
    ?      No    0      0       0      0      0       0          0          0
    ?      No    0      0       0      0      0       0          0          0
  DOS-16   Yes   1      0       1      3     613     17         17       41735

                         Press Enter to continue
  1Help   2Hex   3Text   4Dir   5FAT   6Partn  7      8Choose  9Undo  10QuitNU
```

Bild 4-5 Partition Table Editor

Partition Table Editor: Dieser Modus ist wie der FAT-Editor erst ab der Advanced Editon der Version 4 vorhanden (s. Bild 4-5). Er kann nur aktiviert werden, wenn Sie den Sektor anwählen, in dem die Partition Table gespeichert ist (der absolute Sektor 1 auf Seite 0 und Cluster 0 bzw. Zylinder 0). Die Tabelle gibt (von links nach rechts gelesen) an: das Betriebssystem der verschiedenen Partitions, ob von dieser Partition gebootet werden kann, die Startpositon der Partition (absolut), die Endposition (absolut), die Anzahl der relativen Sektoren und die Anzahl der Sektoren pro Partition insgesamt. Innerhalb der Tabelle könnnen Sie wieder mit <TAB>, <SHIFT+TAB> oder den Cursortasten die gewünschte Stelle anwählen. Die Werte der Startpositonen, Endpositonen, relativen Sektoren und Sektoren insgesamt können direkt überschrieben werden, die Angaben des Betriebssystems und der Bootfähigkeit können mit der Leertaste verändert werden. Mit <RETURN> wird der Wert übernommen, mit <F9> wird wieder der alte verwendet. Auch hier ist dringend davon abzuraten, die Werte zu modifizieren, ohne über eine Sicherheitskopie der Festplatte zu verfügen, da es sehr riskant ist, die Partition Table zu manipulieren.

27

Hinweis! Wenn Sie NU ohne Parameter aufrufen, werden auch Zeichen ausgegeben, die nicht ausdruckbar sind (z. B. Steuerzeichen). Diese Zeichen können sich eventuell negativ auf den Ausdruck auswirken. Rufen Sie NU mit dem Schalter /p auf, so werden nur druckbare Zeichen auf dem Bildschirm ausgegeben. Die anderen Zeichen werden durch einen Punkt auf der rechten Seite repräsentiert, der hexadezimale Wert auf der linken Seite bleibt jedoch erhalten.

Der Parameter /ext bzw. /eur bewirkt, daß auch ASCII-Zeichen größer als 127 ausgegeben werden. Damit können auch Grafikzeichen und die deutschen Sonderzeichen ausgedruckt werden.

Tastenbelegung (Besonderheiten):

Cursortasten: Mit Hilfe der Cursortasten können Sie sich innerhalb der Datei bzw. der Dateiliste bewegen.

<Return>: Wenn Sie ein Byte verändert haben, können Sie diesen Wert mit <RETURN> endgültig übernehmen.

<PgUp> und <PgDn>: Blättern eine Seite zurück bzw. vor.

<Home> und <End>: Sprung zur ersten bzw. zur letzten Datei des Verzeichnisses. Nur bei DIRECTORY DISPLAY gültig.

<TAB>: Mit <TAB> wechseln Sie von der linken auf die rechte Bildschirmhälfte (nur bei HEX EDITOR gültig).

<F2>: Aktivierung des Hex-Editors.

<F3>: Aktivierung der Textdarstellung.

<F4>: Aktivierung der Verzeichnisdarstellung.

<F9>: Wenn Sie den Wert des Bytes, auf dem sich der Cursor befindet, verändert haben, so wird diese Änderung rückgängig gemacht.

o   **SEARCH FOR DATA -**
     Suchen nach Daten im Auswahlbereich

Sie können hier Ihre Datenträger gezielt nach Daten, z.
B. nach Textausschnitten abfragen. Das kann sehr
nützlich sein, wenn Sie nicht mehr wissen, in welcher
Datei sich ein wichtiger Text befindet. In diesem Falle
müssen Sie nur nach einer markanten Stelle suchen
lassen, die in anderen Dateien nicht vorkommt. NU
teilt Ihnen dann mit, welche Datei(en) die gesuchten
Daten enthalten.

Dieses Menü ist in sechs Untermenüs unterteilt. Die
eingeklammerten Menüpunkte können Sie allerdings
erst aufrufen, wenn Sie spezielle Vorbereitungen
getroffen haben. So können Sie z. B. die Suche erst
beginnen, wenn Sie festgelegt haben, was Sie an welcher Stelle suchen wollen.

oo   **WHERE TO SEARCH -**
      An welcher Stelle suchen?

Hier bestimmen Sie, an welchen Stellen auf dem
aktuellen Laufwerk gesucht werden soll. Sie
haben dabei vier Möglichkeiten:

All of the Disk: Die Diskette wird komplett
untersucht.

Data Area: Nur der Bereich der Diskette, auf
dem Dateien enthalten sind, wird untersucht.

Erase File Space: Die Daten werden in
gelöschten Dateien gesucht.

Select Item: Es wird der Bereich, den Sie im
Menüpunkt CHOOSE ITEM ausgewählt haben,
untersucht.

oo **TEXT TO SEARCH FOR - Zu suchender Text**

Hier kann der zu suchende Text eingegeben werden. Sie können diesen Text entweder normal über die Tastatur (oberes Feld) oder in Hexadezimalcode (unteres Feld) eingeben. Das obere Feld wird immer dem unteren Feld angepaßt und umgekehrt. Mit <TAB> wechseln Sie die Felder. Die Länge des zu suchenden Ausdrucks darf maximal 48 Zeichen betragen. <RETURN> schließt die Eingabe ab und kehrt zum Menüpunkt SEARCH FOR DATA zurück.

oo **START SEARCH - Beginn der Suche**

NU beginnt mit der Suche. Findet NU die Textstelle, signalisiert es dies. Sie sollten dann <RETURN> drücken, um in das Menü SEARCH FOR DATA zurückzukehren und sich eventuell die Fundstelle anzeigen zu lassen. Ein Tastendruck auf eine beliebige Taste beendet die Suche vorzeitig.

oo **DISPLAY FOUND TEXT - Fundort anzeigen**

Die Fundstelle wird angezeigt und NU springt in den Editor (VIEW/EDIT ITEM). Mit <Esc>, <F10> oder <RETURN> gelangen Sie in SEARCH FOR DATA zurück.

oo **CONTINUE SEARCH - Weitersuchen**

NU führt die Suche weiter.

o **WRITE ITEM TO DISK -
Veränderungen auf Diskette speichern**

Die ausgewählte Datei wird wieder auf den Datenträger geschrieben. Dabei gibt es drei Möglichkeiten:

File Mode: Die veränderte Datei, deren Namen Sie eingeben müssen, wird wieder abgespeichert.

Cluster Mode: Die Datei wird in aufeinanderfolgende Cluster gespeichert, den Startcluster müssen Sie angeben.

Sector Mode: Die Datei wird in aufeinanderfolgende Sektoren gespeichert, den ersten Sektor müssen Sie angeben.

Anschließend folgt eine Sicherheitsabfrage.

4.4.2 UNERASE –
Gelöschte Datei wiederherstellen

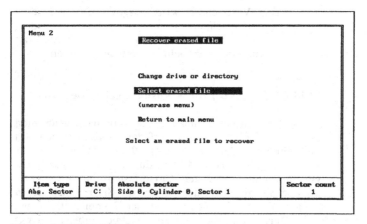

Bild 4-6 UNERASE

Dieser Hautmenüpunkt eröffnet Ihnen die wirkungsvollsten Möglichkeiten, gelöschte Dateien zu retten. Wo QU (QUICK UNERASE) versagt (s. Abschn. 6.13), können Sie mit UNERASE und menschlicher Intelligenz noch einiges erreichen und so wenigstens einen Teil der Datei restaurieren.

31

o **CHANGE DRIVE OR DIRECTORY -**
   Laufwerk oder Verzeichnis wechseln

Mit diesem Menüpunkt wechseln Sie entweder das Laufwerk oder das Verzeichnis.

oo **CHANGE DRIVE - Laufwerk auswählen**

Mit diesem Befehl wird das Laufwerk ausgewählt.

oo **CHANGE DIRECTORY -**
    Verzeichnis auswählen

Das Verzeichnis wird ausgewählt. Nach dem Aufruf erscheint ein Verzeichnisbaum, von dem Sie mit den Cursortasten und <RETURN> das gewünschte Verzeichnis aussuchen können.

o **SELECT ERASED FILE - Auswahl gelöschte Datei**

NU untersucht das aktuelle Verzeichnis nach gelöschten Dateien und gibt eine Liste auf dem Bildschirm aus. Da bei gelöschten Dateien der erste Buchstabe des Namens verloren geht, wird dieser durch ein Fragezeichen gekennzeichnet. Mit den Cursortasten und <RETURN> können Sie die Datei auswählen, die Sie rekonstruieren wollen. Es ist die Möglichkeit der Schnellsuche gegeben: Durch Eingabe des Anfangsbuchstabens springt der Cursor zur ersten Datei mit diesem Anfangsbuchstaben. Auch gelöschte Verzeichnisse tauchen in der Liste auf. Diese sind in Großbuchstaben geschrieben, während die Dateien klein geschrieben werden. Sie können ebenfalls rekonstruiert werden. Eine Sonderstellung nimmt dabei der erste Punkt in der Liste - CREATE FILE - ein. Wenn Sie diesen Menüpunkt auswählen, werden alle von Ihnen geretteten Cluster in einer neuen Datei, deren Namen Sie angeben müssen, gespeichert. Sie können dann allerdings die automatische Suche nach Clustern (s. ALL CLUSTERS AUTOMATICALLY) nicht mehr anwenden.

Nach der Wahl der zu rekonstruierenden Datei werden
folgende Informationen zu dieser Datei angezeigt:
Name, Größe, Erstellungsdatum und -zeit. NU informiert auch darüber, ob es möglich (possible) oder
unmöglich (unlikely) ist, die Datei vollständig wiederherzustellen. Ist eine vollständige Restauration
unmöglich, kann auch die automatische Wiederherstellung im UNERASE MENU nicht angewählt werden.
Bevor dieser Menüpunkt verlassen wird, müssen Sie
noch den verlorengegangen Anfangsbuchstaben der
Datei angeben.

o   UNERASE MENU - Beginn der Rettungsaktion

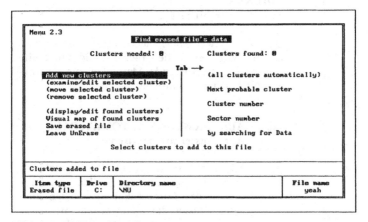

Bild 4-7 UNERASE-Menü

Dieses Menü ist das Herzstück des Hauptmenüpunktes
UNERASE (s. Bild 4-7). Hier können Sie Cluster genau
untersuchen, an die gelöschte Datei anfügen und wieder
entfernen.

Nach dem Aufruf ist der Bildschirm in mehrere Zonen
eingeteilt: In den zwei unteren Zeilen steht, welche
Datei gerettet werden soll und auf welchem Laufwerk
und in welchem Verzeichnis sich diese befindet. Zwei
Zeilen darüber steht, aus welchen Clustern Sie die
Datei bislang zusammengesetzt haben. Sind dies mehr,
als man in einer Zeile darstellen kann, kann man mit

33

<Cursor links> und <Cursor rechts> in der Liste wandern. Der restliche Bildschirm ist in zwei Hälften aufgeteilt, zwischen denen man mit <TAB> hin und her wechseln kann. Auf der linken Seite stehen die wichtigsten Menüpunkte, während die Punkte auf der rechten Seite zum ersten Menüpunkt der linken Seite gehören. Wenn Sie also mit <TAB> die Seiten wechseln, rufen Sie gleichzeitig diesen Menüpunkt auf. Außerdem steht auf der linken Seite, wieviele Cluster die Datei umfaßt (*"Clusters needed"*) und auf der rechten Seite, aus wievielen Clustern die Datei schon besteht (*"Clusters found"*).

oo   **ADD NEW CLUSTERS -**
Neue Cluster hinzufügen

Der Datei werden neue Cluster zugeordnet. Dabei wird auf die rechte Bildschirmseite gewechselt, die folgende Methoden zur Bestimmung des Clusters anbietet:

ooo   **ALL CLUSTERS AUTOMATICALLY -**
Alle Cluster automatisch

NU sucht in der FAT (s. Kapitel 1.3: zentrale Begriffe) nach allen Clustern, die zu der Datei gehören. Wurden einzelne Cluster der Datei schon mit anderen Daten überschrieben, werden diese ohne Prüfung in die Datei übernommen. Wenn der Eintrag in der FAT schon überschrieben wurde, kann dieser Menüpunkt nicht aktiviert werden und ist dementsprechend eingeklammert. Diese Routine geht gleich vor wie der Befehl QUICK UNERASE, der in Kapitel 6 vorgestellt wird.

ooo **NEXT PROBABLE CLUSTER -**
Den nächsten wahrscheinlichen Cluster

NU sucht in der FAT nach dem nächsten Cluster, der wahrscheinlich zu der Datei gehört. Dieser kann dann mit Hilfe des Menüpunktes EXAMINE/EDIT SELECTED CLUSTER untersucht werden und gegebenenfalls. wieder aus der Liste entfernt werdend.

ooo **CLUSTER NUMBER -**
Mit der Clusternummer

Der Benutzer gibt in diesem Menüpunkt die Cluster selbst ein. Will er nur einen Cluster hinzufügen, ist der Anfangscluster dem Endcluster gleichzusetzen. Zwischen den beiden Eingabemasken kann man wechseln, wenn die Tasten <Cursor hoch> und <Cursor runter> gedrückt werden. Sind die gewählten Cluster Bestandteile anderer Dateien und können deshalb nicht zu der gelöschten Datei gehören, zeigt das Programm dies an. Sie haben nun zwei Möglichkeiten: Erstens können Sie es NU überlassen, den nächsten wahrscheinlichen Cluster auszuwählen (ZOOM CLUSTER(S)). Diesen Cluster können Sie sich dann anschauen (DISPLAY/EDIT CLUSTER(S)), ihn übernehmen (ADD CLUSTER(S) TO FILE) oder weglassen (SKIP CLUSTER(S)). Die zweite Möglichkeit ist, Ihre Eingabe zu korrigieren (DISCARD CLUSTER(S)).

ooo **SECTOR NUMBER -**
Mit der Sektornummer

Der Benutzer muß hier die richtigen Sektoren selbst eingeben. Die Bedienung entspricht der des obigen Menüpunktes.

ooo **BY SEARCHING FOR DATA -**
Über Suche nach Daten

Bei dieser Methode müssen Sie eine Zeichenfolge angeben, von der Sie genau wissen, daß sie in der Datei enthalten ist. NU sucht dann den entsprechenden Cluster und Sie können entscheiden, ob Sie ihn sich anschauen (DISPLAY/EDIT CLUSTER(S)), ihn übernehmen (ADD CLUSTER(S) TO FILE) oder weglassen (SKIP CLUSTER(S)) wollen. Die Bedienung dieses Menüpunktes ist gleich wie beim Befehl SEARCH ITEM/DISK FOR DATA.

oo **EXAMINE/EDIT SELECTED CLUSTER -**
Ausgewählten Cluster untersuchen

Der ausgewählte Cluster kann untersucht und bearbeitet werden. Diese Möglichkeit entspricht dem Befehl EDIT/DISPLAY ITEM.

oo **MOVE SELECTED CLUSTER -**
Gewählten Cluster verschieben

Mit Hilfe dieses Menüpunktes können Sie die Reihenfolge der Cluster der Datei verändern. Den gerade ausgewählten Cluster (markiert durch inverse Darstellung) verschieben Sie mit den Cursortasten innerhalb der Liste und legen seine neue Position mit <RETURN> fest. Mit <Esc> verlassen Sie diesen Menüpunkt.

oo **REMOVE SELECTED CLUSTER -**
Gewählten Cluster entfernen

Hier können Sie den gerade ausgewählten Cluster aus der Liste löschen.

oo   **DISPLAY/EDIT FOUND CLUSTERS -**
     Gefundene Cluster anzeigen

Alle ausgewählten Cluster werden angezeigt und
können verändert werden. Die Bedienung entspricht der Bedienung des Menüpunktes DIS-
PLAY/EDIT SELECTED ITEM. Der Unterschied zum Menüpunkt EXAMINE/EDIT
SELECTED ITEM besteht darin, daß alle Cluster angezeigt werden, und zwar in der Reihenfolge der Liste.

oo   **VISUAL MAP OF FOUND CLUSTERS -**
     Grafisches Schaubild der Cluster

In einem grafischen Schaubild wird dargestellt,
an welcher Stelle auf dem Datenträger sich die
Cluster der Liste befinden.

oo   **SAVE ERASED FILE -**
     Gelöschte Datei abspeichern

NU stellt aus der Clusterliste die Datei zusammen und speichert diese auf dem Datenträger.

oo   **LEAVE UNERASE - Menüpunkt verlassen**

Das Untermenü wird verlassen.

4.4.3 DISK INFORMATION -
Informationen über die Diskette

Dieser Menüpunkt gibt Ihnen verschiedene Informationen über
die Beschaffenheit des aktuellen Datenträgers wie beispielsweise Kapazität, Einteilung, Anzahl der Dateien usw.

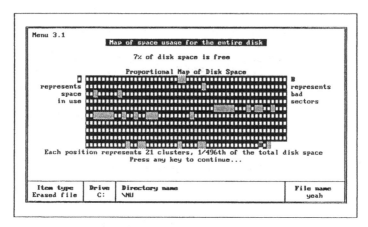

Bild 4-8 Festplatten-Belegung

Das obige Bild zeigt Ihnen, wie sich die Daten auf der Festplatte verteilen. Die Quadrate repräsentieren genutzte Bereiche, die gerasterten freie. Blinkende B's zeigen an, wo sich defekte Bereiche befinden. Über dem Schaubild steht in Prozent, wieviel Platz auf dem Datenträger noch frei ist. Unter dem Schaubild kann man noch lesen, wieviel Cluster ein Rechteck repräsentiert und wie hoch der Anteil dieser Cluster an der Gesamtkapazität ist. Drücken Sie eine beliebige Taste, wird dieser Menüpunkt verlassen.

```
Menu 3.2
                      Technical information
        Drive C:

        Basic storage capacity:
           21 million characters (megabytes)
           7% of disk space is free

        Logical dimensions:
           Sectors are made up of 512 bytes
           Tracks are made up of 17 sectors per disk side
           There are 4 disk sides
           The disk space is made up of 614 cylinders
           Space for files is allocated in clusters of 4 sectors
           There are 10.405 clusters
           Each cluster is 2.048 bytes
           The disk's root directory can hold 512 files


                    Press any key to continue...
```

```
Menü 3.2
                              Technische Informationen


        Laufwerk C:


        Speicherkapazität:
           21 Megabytes
           7% der Festplatte ist unbenutzt


        Logische Angaben:
        Sektoren sind 512 Bytes groß
        Die Spuren sind in 17 Segmente pro
        Plattenseite unterteilt
        Es gibt 4 Plattenseiten
        Die Speicherkapazität besteht aus 614 Zylindern
        Der Diskettenspeicher ist in Cluster aus jeweils 4 Sektoren unterteilt
        Es gibt 10.405 Cluster
        Jeder Cluster besteht aus 2.048 Bytes
        Das Hauptverzeichnis kann 512 Dateien beinhalten



                              Taste drücken
```

Bild 4-9 Technische Informationen

Alle physischen und logischen Eigenschaften Ihres
Datenträgers werden beschrieben (s. Bild 4-9). Auf
Tastendruck kehren Sie zum Hauptmenüpunkt DISK
INFORMATION zurück.

5 Die Befehle NCC, NDD, SD und SF

Diese Befehle sind besonders umfangreich. Deshalb werden sie in diesem Abschnitt gesondert aufgeführt. Sie sind gleich gegliedert wie das Hauptprogramm NU in Kapitel 4.

5.1 NCC - NORTON CONTROL CENTER
Parameter ändern

Version 4.5

ncc [Laufwerk] [Verzeichnis] [Datei] [Parameter]

Mit NCC können Sie einige Einstellungen an Ihrem System vornehmen, wie z. B. Festlegung der Bildschirmfarben, Größe des Cursors und Definition des Bildschirmmodus. Zu diesem Zweck können Sie mit NCC Dateien erstellen, in denen die gewünschten Einstellungen gespeichert sind. Sie können dann (ebenfalls mit NCC) aus diesen Dateien entweder alle Einstellungen aktivieren oder auch nur einzelne Einstellungen der Dateien aufrufen, die Sie mit einem Parameter bestimmen müssen.

5.1.1 Aufruf

[Laufwerk]: Das Laufwerk wird angegeben.

[Verzeichnis]: Das Verzeichnis wird angegeben.

[Datei]: Angabe der Datei, in der die Systemeinstellungen gespeichert werden sollen.

[Parameter]:
NCC unterscheidet zwischen direkten und indirekten Parametern. Während die direkten Schalter die gewünschten Einstellungen direkt und ohne Zuhilfenahme einer mit NCC erzeugten Datei vornehmen, greifen die indirekten Schalter auf diese Dateien zurück. Aus diesem Grund muß bei dem Aufruf von NCC mit einem indirekten Parameter ein Dateiname mit angegeben werden. Wird NCC mit indirektem Schalter, aber ohne Angabe eines Dateinamens aufgerufen, so wird der Editor von NCC aktiviert.

Direkte Parameter:

/bw80: Aktivieren des Bildschirmmodus 25 auf 80 Zeilen bei monochromer Darstellung.

/co80: Aktivieren des Bildschirmmodus 25 auf 80 Zeilen bei farbiger Darstellung.

/fastkey: Aktiviert die kürzeste Reaktionszeit der Tastatur.

/25: Aktivierung des Bildschirmmodus mit 25 Zeilen (bewirkt das gleiche wie */co80*).

/35: Aktivierung des Bildschirmmodus mit 35 Zeilen (nur für Besitzer einer EGA-Karte).

/40: Aktivierung des Bildschirmmodus mit 40 Zeilen (nur für Besitzer einer VGA-Karte).

/43: Aktivierung des Bildschirmmodus mit 43 Zeilen (nur für Besitzer einer EGA-Karte).

/50: Aktivierung des Bildschirmmodus mit 50 Zeilen (nur für Besitzer einer VGA-Karte).

Indirekte Parameter:

/comn: Aktiviert nur für die serielle Schnittstelle n die in der anzugebenden Datei gespeicherte Einstellung.

/cursor: Aktiviert nur die Cursorgröße, die in der anzugebenden Datei gespeichert ist.

/display: Aktiviert nur den Bildschirmmodus, der in der anzugebenden Datei gespeichert ist.

/doscolor: Aktiviert nur die Farben für MS-DOS, die in der anzugebenden Datei gespeichert sind.

/keyrate: Aktiviert nur die Reaktionszeit der Tastatur, die in der anzugebenden Datei gespeichert ist.

/palette: Setzt nur die Farbpalette, aus denen die zu benutzenden Farben ausgewählt werden können.

/setall: Aktiviert alle Einstellungen, die in der anzugebenden Datei gespeichert sind.

ncc a:params /setall:
Alle Einstellungen der Datei "params" in Laufwerk A werden vorgenommen.

ncc /bw80:
Es wird in den Bildschirmmodus mit 25 x 80 Zeichen mit monochromer Darstellung gewechselt.

5.1.2 Editor

Wir wissen nun, wie wir bestimmte Einstellungen, die wir mit Hilfe von NCC abgespeichert haben, aktivieren können. Wie wir diese Dateien erstellen, wissen wir allerdings noch nicht. Nun, dies geht mit Hilfe des Editors von NCC vor sich. Dieser wird aktiviert, indem NCC ganz ohne weitere Angaben aufgerufen wird. Eine Datei, in der die Einstellungen später gespeichert werden sollen, muß nicht mit angegeben werden, da NCC diese Datei automatisch durch eine Abfrage vor Beendigung der Arbeit ermittelt. Natürlich steht es Ihnen frei, den Dateinamen trotzdem anzugeben. Wenn NCC mit unsinnigen Angaben aufgerufen wird (z. B. mit indirektem Schalter, aber ohne Angabe eines Dateinamens oder mit Angabe einer Datei, die gar nicht vorhanden ist), wird der Editor ebenfalls aufgerufen. Nach dem Aufruf erscheint folgendes Bild:

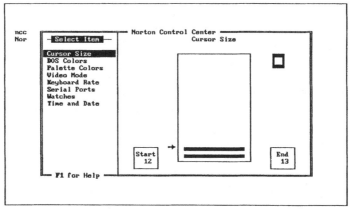

Bild 5-1

Auf dem linken Viertel des Bildschirms erscheint das Menü des Editors. Auf dem restlichen Bildschirm erscheinen immer Angaben, die für jeden einzelnen Menüpunkt verschieden sind und deshalb bei der Besprechung des entsprechenden Menüpunktes behandelt werden.

5.1.3 Bedienung des Editors

<Cursor hoch>: In der Menüleiste wird der Menüpunkt oberhalb des gerade aktuellen ausgewählt.

<Cursor runter>: In der Menüleiste wird der Menüpunkt unterhalb des gerade aktuellen ausgewählt.

<Return>: Aufruf des ausgewählten Menüpunktes (kann auch mit <Cursor rechts> erreicht werden).

<Esc>: Verläßt die aufgerufene Funktion und kehrt ins Hauptmenü zurück. Befindet sich NCC schon im Hauptmenü, so wird der Editor verlassen. Wurde beim Aufruf des Editors ein Dateiname mit angegeben, so werden die Einstellungen zuvor in dieser Datei gespeichert.

<Tab>: Ruft nächsten Menüpunkt auf (ähnlich wie <RETURN> und <Cursor rechts>).

<>:* Macht die vorgenommenen Einstellungen rückgängig.

<F1>: Gibt Bedienungshinweise für NCC.

<F2>: Speichert alle Einstellungen in einer Datei, die mit einer Abfrage bestimmt wird. Wurde beim Aufruf von NCC ein Dateiname mit angegeben, so muß dieser bei der Abfrage des Dateinamens nur mit <RETURN> bestätigt werden.

<F10>: Verläßt NCC.

5.1.4 Die Menüs von NCC

o   **CURSOR SIZE**

Mit Hilfe dieses Menüpunktes können Sie die Form des Cursors festlegen (s. Bild 5-1).

43

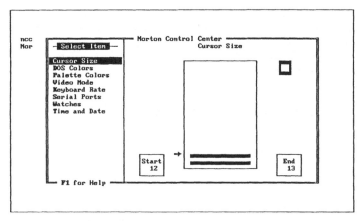

Bild 5-1 CURSOR SIZE

Nach dem Aufruf sehen Sie auf dem rechten Teil des
Bildschirms die speziellen Informationen für diesen
Menüpunkt. Rechts oben können Sie den Cursor immer
in Originalgröße sehen. In der Mitte sehen Sie ein
großes Fenster, welches den Cursor stark vergrößert
darstellt. Das Fenster ist 8 Zeilen hoch, wobei die
Numerierung von oben nach unten beginnend bei 0
erfolgt. Die oberste Zeile ist also Nummer 0, die
unterste Nummer 7. Das kleine Fenster links unten
zeigt die Nummer an, in der sich die obere Grenze des
Cursors befindet. Das Fenster rechts unten informiert
dagegen über die Nummer der unteren Grenze des
Cursorblocks.

Um die Form des Cursors zu verändern, steuern Sie mit
<Cursor hoch> bzw. <Cursor runter> im großen Fenster
mit dem Pfeil die von Ihnen gewünschte obere Grenze
des Cursors an. Wechseln Sie dann mit <Cursor rechts>
auf die rechte Seite des Fensters, und legen Sie die
untere Grenze des Cursorblocks fest. Schauen Sie sich
dabei immer an, wie der Cursor in Orginalgröße wirkt.
Möchten Sie jetzt doch noch die Obergrenze ändern, so
wählen Sie mit <Cursor links> die linke Seite des Fensters an und ändern die Obergrenze. Sind Sie mit "Ihrem" Cursor zufrieden, so drücken Sie <RETURN>, um
die Einstellungen zu speichern. Sie befinden sich dann
wieder im Hauptmenü.

Ist die Startnummer größer als die Endnummer, so ist der Cursor nicht mehr ein Block, sondern zweigeteilt, wobei der Spalt in der Mitte liegt. Dieses Phänomen ist allerdings schwer zu beschreiben, weshalb Sie damit herumexperimentieren sollten. Im Normalfall sind diese Cursor sowieso nur irritierend und werden deshalb nicht benötigt. Abschließend noch einmal die Zusammenfassung der Bedienung dieses Menüpunktes:

Die Bedienung von Cursor Size

<Cursor hoch>: Obere bzw. untere Cursorgrenze eine Zeile weiter nach oben verschieben.

<Cursor runter>: Obere bzw. untere Cursorgrenze eine Zeile weiter nach unten verschieben.

<Cursor links>: Anwahl der oberen Cursorgrenze. Diese kann nun verändert werden.

<Cursor rechts>: Anwahl der unteren Cursorgrenze. Diese kann nun verändert werden.

<>:* Macht die vorgenommenen Einstellungen rückgängig.

<Return>: Die vorgenommenen Einstellungen werden gespeichert und der Menüpunkt CURSOR SIZE wird verlassen.

<Esc>: Der Menüpunkt CURSOR SIZE wird verlassen, ohne sich die vorgenommenen Einstellungen zu merken.

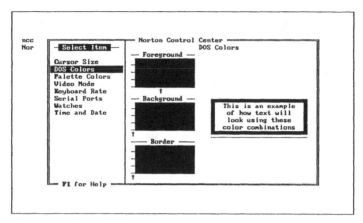

Bild 5-2 DOS COLORS

Mit DOS COLORS können Sie die Vordergrundfarbe, die Hintergrundfarbe und die Farbe des Bildschirmrands festlegen.

Nach dem Aufruf erscheinen auf dem rechten Teil des Bildschirms untereinander die Liste der möglichen Vordergrundfarben, der möglichen Hintergrundfarben und der möglichen Rahmenfarben. Die Überschrift der gerade ausgewählten Palette ist farblich unterlegt. Weiter rechts sehen Sie einen Probetext, der immer mit der von Ihnen ausgewählten Vordergrundfarbe, Hintergrundfarbe und Rahmenfarbe dargestellt wird. Auf diese Weise können Sie sehen, wie die Farbzusammenstellung als Ganzes wirkt.

Um die Farben zu ändern, wählen Sie erst einmal mit <Cursor hoch> und <Cursor runter> die gewünschte Palette aus. Dann wählen Sie mit <Cursor links> und <Cursor rechts> die richtige Farbe innerhalb der Palette aus. Nachdem Sie Ihre "Traumkombination" gefunden haben, speichern Sie diese wieder mit <RETURN> ab. Sie finden sich dann wieder im Hauptmenü.

Die Bedienung von DOS COLORS

<Cursor hoch>: Steuert die über der aktuellen liegende Palette an.

<Cursor runter>: Steuert die unter der aktuellen liegende Palette an.

<TAB>: Steuert die unter der aktuellen liegende Palette an.

<Cursor links>: Innerhalb der aktuellen Palette wird die Farbe, die sich links von der aktuellen befindet, ausgewählt.

<Cursor rechts>: Innerhalb der aktuellen Palette wird die Farbe, die sich rechts von der aktuellen befindet, ausgewählt.

<>:* Macht die vorgenommenen Einstellungen rückgängig.

<Return>: Die vorgenommenen Einstellungen werden gespeichert und der Menüpunkt DOS COLORS wird verlassen.

<Esc>: Der Menüpunkt DOS COLORS wird ohne Änderungen verlassen.

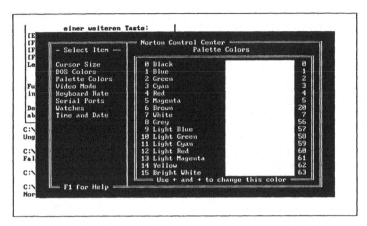

Bild 5-3 PALETTE COLORS

Mit PALETTE COLORS können Sie die Farben, die in der Liste vertreten sein sollen, auswählen. Dieser Menüpunkt kann lediglich bei Rechnern mit EGA- oder VGA-Karte benutzt werden, da nur diese Karten über mehr als 16 Farben verfügen.

Eine Palette besteht aus 16 Farben. Ihr Rechner kann die Farben, die er auf dem Bildschirm darstellt, nur aus den Farben der Palette zusammenstellen. Die restlichen Farben, die nicht in der Palette vorhanden sind, können nicht berücksichtigt werden.

Nach dem Aufruf sehen Sie auf der rechten Seite ein großes Fenster. Ganz links in diesem Fenster stehen die Nummern der 16 Palettenfarben. Sie sind von 0 bis 15 numeriert. Daneben stehen die Namen der ursprünglichen Palettenfarben. Ändern Sie die Palettenfarben, so ändert sich der Name nicht mit, damit Sie immer wissen, was die ursprünglichen Palettenfarben waren. Weiter rechts sind die Balken für die Palettenfarben zu sehen, die immer in der aktuellen Palettenfarbe gefärbt sind.

Um einer Palettennummer eine neue Farbe zuzuordnen, wählen Sie mit <Cursor hoch> und <Cursor runter> (oder mit <TAB>) die gewünschte Nummer aus. Dann gibt es zwei Möglichkeiten, die Farbe zu ändern: Die erste ist, mit den Zeichen <+> und <-> in der Farbreihenfolge vor- bzw. zurückzublättern, bis Sie die gewünschte Farbe gefunden haben. Wenn Sie eine weitere Palettenfarbe verändern wollen, wählen Sie danach wieder mit den beiden Cursortasten die gewünschte Nummer aus und suchen mit <+> und <-> die gewünschte Farbe. Wiederholen Sie diese Prozedur so lange, bis die Palette Ihren Vorstellungen entspricht. Drücken Sie dann <RETURN>, um die Einstellungen abzuspeichern. Sie befinden sich dann wieder im Hauptmenü.

Um die zweite Möglichkeit zu nutzen, müssen Sie <Cursor rechts> drücken. Sie finden sich dann in einem Farbmenü wieder. Mit <Cursor links> und <Cursor rechts> wählen Sie wieder die gewünschte Farbe aus. Drücken Sie <RETURN>, um die ausgewählte Farbe in die Palette aufzunehmen. Auch diese Prozedur kann beliebig oft wiederholt werden. Wenn Sie die Einstellungen speichern wollen, drücken Sie wie immer <RETURN>.

Die Bedienung von PALETTE COLORS

<Cursor hoch>: Steuert die über der aktuellen liegende Palettennummer an.

<Cursor runter>: Steuert die unter der aktuellen liegende Palettennummer an.

<TAB>: Steuert die unter der aktuellen liegende Palettennummer an.

<+>: Geht in der Farbreihenfolge eine Farbe weiter.

<->: Geht in der Farbreihenfolge eine Farbe zurück.

<Cursor rechts>: Ruft das Farbmenü auf. Steuerung: <Cursor links> und <Cursor rechts>, um die passende Farbe auszuwählen, <RETURN> um sie zu bestätigen, <Esc> um das Farbmenü zu verlassen und alles beim Alten zu lassen.

<*>: Macht die vorgenommenen Einstellungen rückgängig.

<Return>: Die vorgenommenen Einstellungen werden
gespeichert und der Menüpunkt PALETTE COLORS
wird verlassen.

<Esc>: Der Menüpunkt PALETTE COLORS wird
ohne Änderung verlassen.

o   **VIDEO MODE**

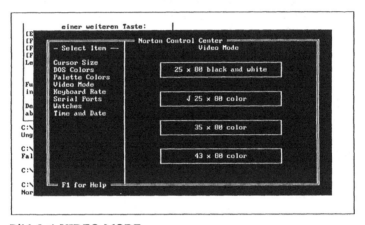

Bild 5-4 VIDEO MODE

Mit VIDEO MODE können Sie den Bildschirmmodus
wechseln. Bitte beachten Sie, daß Sie im Monochrom-
modus den Menüpunkt PALETTE COLORS nicht
aufrufen können.

Nach dem Aufruf erscheinen auf dem rechten Teil des
Bildschirms vier Fenster, die die Beschreibung der
Bildschirmmodi enthalten.

Wählen Sie den gewünschten Modus mit <Cursor hoch>
und <Cursor runter> (oder <TAB>) und bestätigen Sie
mit <RETURN>. Es wird sofort in den entsprechenden
Modus gewechselt. Mit <Cursor links> speichern Sie
den Modus ab und verlassen VIDEO MODE.

50

Die Bedienung von VIDEO MODE

<Cursor hoch>: Steuert den über dem aktuellen liegenden Modus an.

<Cursor runter>: Steuert den unter dem aktuellen liegenden Modus an.

<TAB>: Steuert den unter dem aktuellen liegenden Modus an.

<*>: Macht die vorgenommenen Einstellungen rückgängig.

<Return>: Wechselt in den ausgewählten Modus.

<Cursor links>: Merkt sich den ausgewählten Modus und verläßt VIDEO MODE.

<Esc>: Merkt sich den ausgewählten Modus und verläßt VIDEO MODE.

o   **KEYBOARD RATE**

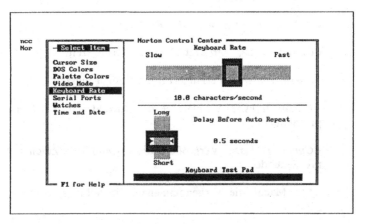

Bild 5-5 KEYBOARD RATE

Mit KEYBOARD RATE können Sie die "Reaktionszeit" Ihrer Tastatur verlängern oder verkürzen (nur bei AT's).

Nach dem Aufruf können Sie auf dem rechten Bildschirmteil in der oberen Hälfte einen horizontalen Balken sehen, mit dessen Hilfe Sie festlegen können, wieviele gleiche Zeichen pro Sekunde auf dem Bildschirm ausgegeben werden, wenn Sie eine Taste gedrückt halten. In der unteren Hälfte sehen Sie einen vertikalen Balken, der Ihnen hilft, zu bestimmen, nach welcher Zeit das Zeichen wiederholt werden soll, wenn Sie eine Taste gedrückt halten. Ganz unten befindet sich unter der Überschrift *Keyboard Testpad* ein Eingabefeld, das es Ihnen ermöglicht, die neuen Eigenschaften der Tastatur zu testen.

Wenn Sie die Anzahl der Zeichen pro Sekunde verändern wollen, benutzen Sie <Cursor links> und <Cursor rechts>, um die Anzahl zu verkleinern bzw. zu vergrößern. <Cursor hoch> und <Cursor runter> verändern die Verzögerungszeit. Testen Sie immer im Eingabefeld, wie sich die Tastatur nun verhält. Sind Sie mit den Werten zufrieden, drücken Sie <RETURN>, um die Einstellungen abzuspeichern.

Die Bedienung von KEYBOARD RATE

<Cursor hoch>: Verkürzt die Verzögerungszeit.

<Cursor runter>: Verlängert die Verzögerungszeit.

<Cursor links>: Verkleinert die Anzahl der Zeichen pro Sekunde.

<Cursor rechts>: Vergrößert die Anzahl der Zeichen pro Sekunde.

<*>: Macht die vorgenommenen Einstellungen rückgängig.

<Return>: Die vorgenommenen Einstellungen werden gespeichert und der Menüpunkt KEYBOARD RATE wird verlassen.

<Esc>: Der Menüpunkt KEYBOARD RATE wird ohne Änderung verlassen.

o **SERIAL PORTS**

```
 ncc                  ──── Norton Control Center ────
 Nor      ─Select Item─              Serial Ports

          Cursor Size         Port    Baud    Parity  Databits  Stopbits
          DOS Colors
          Palette Colors    √ COM1    110   √ None     7       √ 1
          Video Mode          COM2    150     Odd    √ 8         2
          Keyboard Rate               300     Even
          Serial Ports                600
          Watches                    1200
          Time and Date             2400
                                    4800
                                  √ 9600

                                    ──── Summary ────
                            COM1    9600    None      8         1
                            COM2    2400    None      8         1
                            COM3        Not available
                            COM4        Not available

          ── F1 for Help ──
```

Bild 5-6 SERIAL PORTS

SERIAL PORTS gibt Ihnen, wie der Name schon sagt, die volle Kontrolle über Ihre seriellen Schnittstellen. Dieses Hilfsprogramm ist besonders für DFÜ-Datenreisende oder Bastler interessant. Der "Otto-Normalverbraucher" indes wird von diesem Menüpunkt wohl kaum Gebrauch machen. Bei jeder Ihrer Schnittstellen können Sie folgende Parameter ändern:

Baud: Gibt die Geschwindigkeit an, mit der Daten über die Schnittstelle geschickt und empfangen werden. Bei DFÜ sind 300, 1200 oder 2400 Baud gebräuchlich. Drucker schicken ihre Daten dagegen mit 4800 oder 9600 Baud auf die Reise.

Parität: Gibt den Typ des Fehlerprotokolls an."None" ist der am weitesten verbreitete Typ ("None" bedeutet, daß kein Fehlerprotokoll verwendet wird).

Databits: Databits sind die Bits der zusammengehörenden Bitkette, die die Informationen tragen.

53

Stopbits: Anzahl der Stopbits (signalisieren der Schnittstelle, daß neue, zusammengehörende Data- und Stop-Bits zu erwarten sind, und daß die jetzige, zusammengehörende Bitkette zu Ende ist).

Nach dem Aufruf können Sie die einzelnen Parameter (z. B. Baud oder Databits) von links nach rechts aufgelistet sehen. Unter ihnen stehen jeweils die in Frage kommenden Einstellungen, unter denen Sie wählen können. Unter dem Strich befindet sich eine Zusammenfassung für jede Schnittstelle mit allen Parametern.

Um einer Schnittstelle neue Eigenschaften zuzuordnen, müssen Sie zuerst mit <Cursor hoch> und <Cursor runter> die Schnittstelle auswählen, die Sie modifizieren wollen. Mit <Cursor links> und <Cursor rechts> steuern Sie dann die einzelnen Parameter an, deren Werte Sie wiederum mit <Cursor hoch> und <Cursor runter> verändern können. Wenn Sie mit den Werten zufrieden sind, drücken Sie wie immer <RETURN> um die Einstellungen zu speichern.

Die Bedienung von SERIAL PORTS

<Cursor hoch> und *<Cursor runter>:*
Wählen entweder die Schnittstelle aus oder verändern die Werte des ausgewählten Parameters.

<Cursor links> und *<Cursor rechts>:*
Wählen die Parameter aus.

<*>: Macht die vorgenommenen Einstellungen rückgängig.

<Return>: Die vorgenommenen Einstellungen werden gespeichert und der Menüpunkt SERIAL PORTS wird verlassen.

<Esc>: Der Menüpunkt SERIAL PORTS wird ohne Änderung verlassen.

54

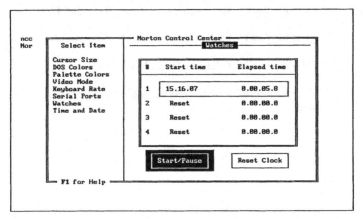

Bild 5-7 WATCHES

WATCHES simuliert vier voneinander unabhängige
Uhren, mit denen Sie die Dauer von Vorgängen messen
können. Diese vier Uhren sind die gleichen wie die
Uhren in TIME MARK.

Nach dem Aufruf können Sie unter "#" die Nummern
sehen. "*Starttime*" gibt an, zu welcher Uhrzeit die Uhren gestartet wurden. "*Reset*" signalisiert, daß mit der
Uhr noch nicht gestoppt wurde. Unter "*Elapsed time*"
können Sie sehen, wie lange die Uhr schon läuft. Unter
dieser Tabelle stehen in zwei Fenstern die Aktionen,
die sie mit den Uhren vornehmen können: *Reset* und
Start/Stop.

Um eine Uhr zum Laufen zu bringen, müssen Sie
zuerst mit <Cursor hoch> und <Cursor runter> die
gewünschte Uhr auswählen. Mit <Cursor links> und
<Cursor rechts> legen Sie die Aktion fest. Das aktuelle
Aktionsfenster ist farblich unterlegt. <RETURN> führt
sie aus. Mit <Esc> kehren Sie ins Hauptmenü zurück.
Beachten Sie aber bitte, daß die Uhren dadurch nicht
automatisch zurückgesetzt werden, sondern weiterlaufen. Wollen Sie alle Werte der Uhren wieder zurück-
setzen, so müssen Sie dies vorher mit *Reset* vornehmen.

Die Bedienung von WATCHES

<Cursor hoch> und *<Cursor runter>*: Wahl der Uhr.

<Cursor links> und *<Cursor rechts>*: Wahl der Aktion.

<Return>: Führt die gewählte Aktion aus.

<Esc>: Verläßt WATCHES, die Uhren laufen aber weiter.

o   TIME AND DATE

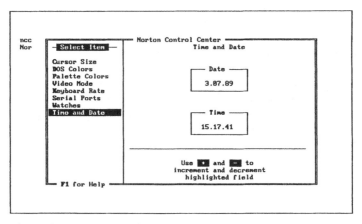

Bild 5-8 TIME AND DATE

Mit TIME AND DATE können Sie das aktuelle Datum und die aktuelle Zeit neu festlegen. Leider haben manche Rechner in ihrem BIOS einen Fehler, der TIME AND DATE daran hindert, die Einstellungen korrekt vorzunehmen. Falls Sie einen solchen Rechner besitzen, sollten Sie dieses Unterprogramm nicht laufen lassen. TIME AND DATE unterstützt kein früheres Datum als 1980. "79" wäre dann das Jahr 2079 und nicht das Jahr 1979.

Nach dem Aufruf können Sie zwei kleine Fenster sehen. Im oberen steht das Datum, im unteren die Zeit. Unter dem Strich steht noch der Hinweis, daß Sie mit <+> und <-> die Daten ändern können.

Um die Werte ändern zu können, müssen Sie zuerst mit <Cursor hoch> und <Cursor runter> festlegen, ob Sie das Datum oder die Zeit ändern wollen. Die Überschrift des aktuellen Fensters ist farblich unterlegt. <Cursor links> und <Cursor rechts> legt fest, welchen Teil des Datums oder der Zeit (z. B. Tag, Monat, Stunde, Minute) Sie aktualisieren wollen. Nun können Sie den richtigen Wert entweder ganz normal als Zahl eingeben, oder Sie können mit <+> den Wert vergrößern und mit <-> den Wert verkleinern. <RETURN> speichert die Einstellungen und verläßt das Unterprogramm.

Die Bedienung von TIME AND DATE

<Cursor hoch> und *<Cursor runter>*:
Wahl von Datum oder Zeit

<Cursor links> und *<Cursor rechts>*:
Wahl von Tag, Monat, Jahr (Datum) oder Stunde, Minute, Sekunde (Zeit).

<+> und *<->*: Vergrößert bzw. verkleinert den angesteuerten Wert. Sie können den neuen Wert allerdings auch direkt eingeben.

<Return>: Die vorgenommenen Einstellungen werden gespeichert und der Menüpunkt TIME AND DATE wird verlassen.

<Esc>: Der Menüpunkt TIME AND DATE wird ohne Änderung verlassen.

5.2 NDD - NORTON DISK DOCTOR

Version 4.5

ndd [Laufwerk] [Parameter]

NDD untersucht und repariert Disketten. Es ist viel umfang-
reicher als DT und macht von über 100 Testmethoden
Gebrauch. Es testet dabei das Hauptverzeichnis, die FATs, den
Bootsektor und den Datenbereich der Diskette. Auf Knopf-
druck hilft NDD Ihren defekten Disketten und Festplatten
wieder auf die Sprünge - soweit dies eben überhaupt nur
möglich ist. NDD besitzt auch einen Editor, der aktiviert wird,
wenn Sie NDD ohne Parameter aufrufen.

5.2.1 Aufruf

[Laufwerk]: Angabe des Laufwerks, dessen Diskette bzw.
Festplatte untersucht werden soll. Es können auch mehrere
Laufwerke auf einmal getestet werden. In diesem Fall müssen
Sie die verschiedenen Laufwerksbuchstaben mit Leerzeichen
voneinander trennen (s. Beispiel).

[Parameter]:
/complete: Kompletter Test mit Untersuchung aller Sektoren
des Datenbereichs. Findet NDD einen defekten Sektor, so wird
NDD versuchen, die Daten dieses Sektors an einem sicheren
Ort zu speichern und anschließend den defekten Cluster zu
markieren. NDD teilt Ihnen auch mit, welche Datei von der
Beschädigung betroffen ist, so daß Sie sich nachher die Datei
anschauen können.

/quick: Die Untersuchung aller Sektoren des Datenbereichs
nimmt sehr viel Zeit in Anspruch. Mit dem Schalter */quick*
können Sie diesen Test umgehen, was eine große Zeitersparnis
mit sich bringt.

```
ndd a: b: /quick:
Die Disketten in den Laufwerken A und B werden im Schnellverfahren
getestet.
```

5.2.2 Editor

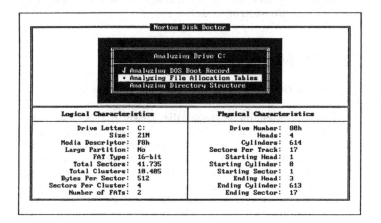

```
                     Norton Disk Doctor

                     Analyzing Drive C:

             √ Analyzing DOS Boot Record
             • Analyzing File Allocation Tables
               Analyzing Directory Structure


   Logical Characteristics        Physical Characteristics

      Drive Letter:  C:            Drive Number:  80h
             Size:  21M                   Heads:  4
  Media Descriptor:  F8h               Cylinders:  614
   Large Partition:  No       Sectors Per Track:  17
         FAT Type:  16-bit        Starting Head:  1
     Total Sectors:  41.735    Starting Cylinder:  0
    Total Clusters:  10.485     Starting Sector:  1
   Bytes Per Sector:  512            Ending Head:  3
 Sectors Per Cluster:  4         Ending Cylinder:  613
     Number of FATs:  2            Ending Sector:  17
```

```
                 Untersuche Laufwerk C:
                 -----------------------
                 Untersuche Boot-Sektor
                 Untersuche FATs
                 Untersuche Verzeichnis-Struktur


       Logische Merkmale          physikalische Merkmale
       ------------------------------------------------------------

    Laufwerksbuchstabe:  C:        Laufwerknummer:  80h
                Größe:  21M                  Köpfe:  4
     Media Descriptor:  F8h               Zylinder:  614
      Große Partition:  Nein    Sektoren pro Spur:  17
             FAT-Typ:  16 Bit        erster Kopf:  1
      Anzahl Sektoren:  41.735    erster Zylinder:  0
       Anzahl Cluster:  10.405     erster Sektor:  1
     Bytes pro Sektor:  512          letzter Kopf:  3
  Sektoren pro Cluster:  4      letzter Zylinder:  613
          Anzahl FATs:  2          letzter Sektor:  17
```

Bild 5-9 Hauptmenü von NDD

Rufen Sie NDD ohne einen der beiden Parameter /*quick* und
/*complete* auf, so erscheint der Editor, der Ihnen größere
Manipulationsmöglichkeiten läßt. Nach dem Aufruf sehen Sie
ein Menü mit drei Möglichkeiten: DIAGNOSE DISK (Diskette
untersuchen), COMMON SOLUTIONS (allgemeine Lösungen)
und EXIT DISK DOCTOR (NDD beenden).

Wählen Sie den gewünschten Menüpunkt mit <Cursor hoch>
und <Cursor runter>, markieren Sie ihn mit der Leertaste und
rufen Sie ihn mit <RETURN> auf.

5.2.3 Die Menüs von NDD

o   DIAGNOSE DISK

Dieser Menüpunkt testet die Diskette bzw. die Festplatte auf Herz und Nieren. Nach dem Aufruf können
Sie mit <Cursor hoch> und <Cursor runter> aus einer
Liste Ihrer Laufwerke auswählen, welches Sie untersuchen wollen. Nach Drücken der <RETURN>-Taste
beginnt die Untersuchung der ausgewählten Diskette.
NDD untersucht nun das Haupverzeichnis, den Bootsektor und die FATs. Wird ein Fehler gefunden, fragt
NDD, ob er korrigiert werden soll. Wenn NDD den
Fehler korrigieren soll, berichtigt das Programm ihn
und fährt dann mit der Untersuchung fort. In der
unteren Bildschirmhälfte stehen einige nützliche Informationen über den physikalischen und logischen Aufbau der Diskette bzw. Festplatte (s. Bild 5-9).

Nachdem diese Bereiche vollständig untersucht wurden,
fragt NDD, ob auch alle Sektoren des Datenbereichs
untersucht werden sollen, was dann insgesamt dem
Aufruf von NDD mit /complete entsprechen würde,
der ziemlich viel Zeit in Anspruch nimmt. Haben Sie
sich dafür entschieden, so will NDD noch wissen, ob
vor jedem Fehler gefragt werden soll, ob er korrigiert
werden soll. Dann erscheint eine Karte, die Ihnen
dokumentiert, wieweit der Test schon fortgeschritten
ist. Wenn ein defekter Cluster gefunden wird, informiert NDD über ihn, fragt eventuell, ob er unschädlich
gemacht werden soll und kopiert soviel von der Datei,
wie nur möglich, an einen sicheren Ort. Der Cluster
wird dann als fehlerhaft markiert, und NDD teilt Ihnen
mit, welche Datei von der Beschädigung betroffen ist.
Sie sollten diese Datei sofort überprüfen.

Ganz zum Schluß faßt NDD seine Aktivitäten noch
einmal zusammen und fragt, ob ein Protokoll auf einem
Drucker oder in einer Datei ausgegeben werden soll.

Nach dem Aufruf stehen Ihnen vier Menüpunkte zur
Verfügung: MAKE DISK BOOTABLE (Diskette boot-
fähig machen), RECOVER DOS'S RECOVER (Diskette
in den Zustand vor dem Aufruf des DOS-Befehls
RECOVER zurückversetzen), REVIVE A DEFECTIVE
DISKETTE (Retten einer kaputten Diskette) und
RETURN TO MAIN MENU (Zurück ins Hauptmenü).
Wählen Sie den gewünschten Menpunkt wie immer mit
<Cursor hoch> und <Cursor runter> aus und aktivieren
Sie ihn mit <RETURN>.

oo   MAKE A DISK BOOTABLE

Dieses Unterprogramm nimmt Ihnen alle
Schritte ab, die nötig sind, um eine Diskette
bootfähig zu machen. Dazu gehört u. a. das
Kopieren der Systemdateien einschließlich
COMMAND.COM, was MS-DOS ja nicht bietet.
Dieser Menüpunkt verändert bei Festplatten, die
nicht bootfähig sind, sogar die Partition Table,
um sie bootfähig zu machen.

Nach dem Aufruf können Sie wieder aus einer
Liste ihrer Laufwerke mit <Cursor hoch>,
<Cursor runter> und <RETURN> das richtige
auswählen. Danach fordert NDD Sie auf, eine
formatierte Diskette in das entsprechende Laufwerk einzulegen. Nachdem Sie das getan und
zur Bestätigung eine Taste gedrückt haben, verrichtet NDD seine Arbeit und zeigt am Ende
dem Benutzer mit einer kleinen Melodie, daß
die Arbeit erfolgreich beendet wurde.

oo   REVIVE A DEFECTIVE DISKETTE

Dieses Unterprogramm rettet eine defekte Diskette dadurch, daß es die Diskette auf besondere Art wieder formatiert. Im Gegensatz zu
dem DOS-Befehl FORMAT hat der Benutzer
aber nach dem Formatiervorgang weiterhin
Zugriff auf seine auf der Diskette gespeicherten
Dateien.

Sie könnten von dieser Möglichkeit z. B.
Gebrauch machen, nachdem Sie von MS-DOS
eine *"Read Error"*- oder *"Lesefehler"*-Fehler-
meldung erhalten haben. Sollten Sie diese
beschädigte Diskette jedoch von NDD untersuchen lassen, wird NDD dieses Unterprogramm
selbstständig starten.

oo   **RECOVER FROM DOS'S RECOVER**

RECOVER von DOS hat die Aufgabe, Dateien,
die zum Teil in defekten Bereichen stehen, zu
retten. Allerdings leistet dieser Befehl im Ver-
gleich zu NDD oder DT nicht sehr viel: Die
Teile der Datei, die in einem defekten Cluster
stehen, werden einfach abgeschrieben und es
wird nicht, wie bei NDD und DT, versucht,
möglichst viel dieser Teile doch noch zu retten.
Wenden Sie RECOVER gar auf eine ganze Diskette an, um alle Dateien der Diskette zu "retten", zerstört RECOVER die Verzeichnisstruktur
(alle Dateien stehen im Hauptverzeichnis) und
ändert die Namen der Dateien in so attraktive
und   eingängliche   Bezeichnungen   wie
"FILE0001.REC". Wenn Sie sich Ihre Diskette
nach   dem   "Rettungsvorgang"   mit   DIR
anschauen, werden Sie sich sicher fragen, was
das alles gebracht hat. Die Programmdateien, die
zum Teil in beschädigten Sektoren standen,
können Sie ohnehin abschreiben, da die Pro-
grammteile, die von der Beschädigung betroffen
waren, fehlen und das Programm somit nicht
mehr lauffähig ist. NDD und DT werden in
vielen Fällen Ihre Dateien vollständig wiederherstellen, was Sie aber nicht davon abhalten
sollte, Ihre geretteten Dateien genau unter die
Lupe zu nehmen.

Nach dieser Schimpftirade auf RECOVER nun
die Rettung vor diesem schlimmen Befehl: Dieses Unterprogramm macht die Handlung von
RECOVER rückgängig und erfüllt die Aufgabe,
die eigentlich RECOVER wahrnehmen sollte,
zur vollsten Zufriedenheit - mit einer Ein-

schränkung: Die von RECOVER zerstörten
Dateinamen kann man auch mit den ele-
gantesten Tricks nicht wiederherstellen. Sie
können diesen Menüpunkt auch anstelle von
RECOVER einsetzen, wenn das Hauptverzeichnis zerstört ist. Das Unterprogramm weist darauf hin, daß es nur in diesen beiden Fällen von
Nutzen ist. Dieser Menüpunkt ist übrigens
ebenfalls im Hauptmenüpunkt DIAGNOSE
DISK dieses Befehls enthalten, so daß Sie das
Hauptverzeichnis genauso mit diesem Menüpunkt retten können. Soll allerding das von
RECOVER hinterlassene Chaos rückgängig
gemacht und verbessert werden, so kann nur
RECOVER FROM DOS'S RECOVER angewendet werden.

oo   RETURN TO MAIN MENU

NDD kehrt ins Hauptmenü zurück.

5.3 SD - SPEED DISK

Optimierung

Advanced Edition 4.0, 4.5

sd [Laufwerk] [Verzeichnis] [Datei] [Parameter]

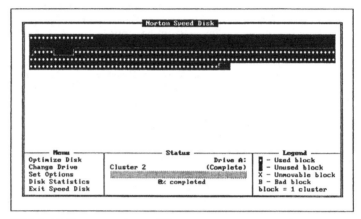

Bild 5-10 Hauptmenü von SD

Das Problem der Fragmentierung habe ich schon in der Einführung erläutert. Diese Fragmentierung kostet ja bekanntlich, wenn sie ausgeprägt ist, viel Zeit und Platz auf der Diskette. Mit SD kann man die Fragmentierung rückgängig machen und alle Dateicluster aufeinanderfolgend anordnen lassen, was einen Platz- und Zeitgewinn mit sich bringt. Gibt man SD ohne jegliche Parameter an, so wird nach dem zu bearbeitenden Laufwerk gefragt.

5.3.1 Aufruf

[Laufwerk]: Angabe des Laufwerks. Wird kein Laufwerk angegeben, so fragt SD danach.

[Verzeichnis]: Angabe des Verzeichnisses, dessen Dateien auf ihre Fragmentierung untersucht werden sollen. Nur in Verbindung mit dem Schalter */report* möglich.

[Datei]: Angabe der Datei, deren Fragmentierungsgrad untersucht werden soll. Nur in Verbindung mit */report*.

[Parameter]:

/a: Das Menü wird nicht aufgerufen, sondern die Diskette wird automatisch optimiert.

/bn: Nur Version 4. Definition der Hintergrundfarbe (Werte von 1 bis 15). Kann nur von Farbbildschirmen benutzt werden.

/bw: Wichtig für Monochrommonitorbesitzer mit Farbgrafikkarte, um einen lesbaren Bildschirmaufbau zu erhalten.

/c: Nur Version 4.5. Vollständige Optimierung (s. Menüpunkt COMPLETE OPTIMIZATION).

/d: Nur Version 4.5. Nur die Verzeichnisse werden bearbeitet (s. Menüpunkt ONLY OPTIMIZE DIRECTORIES).

/dn: Hiermit wird der Bildschirmtreiber ausgewählt.
>   /d0: normaler Bildschirmtreiber für IBM-Kompatible (voreingestellt).
>   /d1: Treiber für Rechner, die nur BIOS-kompatibel zum IBM PC sind.
>   /d2: Für "Härtefälle" in der Kompatibilität. Um den Parameter /d2 anwenden zu können, muß aber die Zeile "DEVICE=\ANSI.SYS" in CONFIG.SYS eingebunden sein.

>Datei: Speichert das Ergebnis der Untersuchung auf Fragmentierung in der Datei. Nur in Verbindung mit */report*.

/fn: Nur in Version 4. Definition der Vordergrundfarbe (Werte von 1 bis 15). Kann nur von Farbbildschirmen genutzt werden.

>*prn:* Das Ergebnis der Untersuchung wird ausgedruckt. Nur in Verbindung mit */report*!

/p: Wenn der Bildschirm voll ist, wird die Ausgabe solange angehalten, bis eine Taste gedrückt wird (engl. page list: seitenweise Auflistung). Kann auch "von Hand" mit der Leertaste durchgeführt werden.

/q: Nur Verson 4.5. Die Methode "Quick Compress" wird angewandt (s. entsprechenden Menüpunkt).

/report: Der Optimierungsgrad wird in Prozent angegeben. Das Speichermedium wird nicht reorganisiert. Bei einem hohen Optimierungsgrad lohnt sich eine Optimierung nicht. Der Report kann für die ganze Diskette, für Verzeichnisse oder für Dateien ausgegeben werden.

/s: Es werden auch die Verzeichnisse unterhalb des aktuellen oder angegebenen Verzeichnisses untersucht (engl. <u>s</u>ubdirectory: Unterverzeichnis).

/t: Die Dateien werden nicht angezeigt, sondern es wird nur der Optimierungsgrad angegeben. Nur in Verbindung mit */report* und einer Verzeichnis- oder Dateiangabe möglich.

/tv: Nur Version 4. Macht die Arbeit mit diesem Befehl unter Topview und Microsoft Windows möglich.

/u: Nur Version 4.5. Nur Dateien werden optimiert, die Verzeichnisse in ihrem Zustand belassen (s. Menüpunkt FILE UNFRAGMENT).

/v: Prüft nach Verschiebung einer Datei, ob diese noch gelesen werden kann. Entspricht dem Menüpunkt VERIFY ON/OFF.

```
sd c: :
Die Festplatte (C:) wird reorganisiert (Version 4) bzw. das Menü wird
aufgerufen (Version 4.5).

sd a:\norton /report/p:
Das Verzeichnis Norton wird auf seinen Optimierungsgrad untersucht
(/report). Bei vollem Bildschirm wird auf einen Tastendruck gewartet
(/p).
```

5.3.2 Editor

Die Versionen 4 und 4.5 unterscheiden sich in ihrem Aufbau erheblich, da die Version 4.5 ein Menü bietet, welches in der Version 4 noch nicht vorhanden ist. Die folgenden Angaben beziehen sich deshalb nur auf die Version 4.5.

Nach dem Aufruf erscheint ein Menü. Wählen Sie den gewünschten Menüpunkt mit der oberen und der unteren Pfeiltaste aus und rufen Sie den Menüpunkt mit <RETURN> auf. Die Menüpunkte können auch durch Drücken der farblich gekennzeichneten Anfangsbuchstaben aufgerufen werden.

5.3.3 Die Menüs von SD

o **OPTIMIZE DISK**

Startet den Optimierungsvorgang unter Berücksichti-
gung der vorgenommenen Einstellungen.

o **CHANGE DRIVE**

Wechselt das Laufwerk. Wählen Sie mit der linken und
der rechten Pfeiltaste das gewünschte Laufwerk aus
und bestätigen Sie Ihre Wahl mit <RETURN>. Sie können
das Laufwerk auch durch direkte Angabe des Kenn-
buchstabens ansteuern.

o **SET OPTIONS**

Unter diesem Menüpunkt können Sie vielfältige Einstellungen vornehmen. Diese Einstellungen werden in
der Datei SD.INI abgespeichert und bei der Optimierung berücksichtigt. Auch bei späteren Optimiervor-
gängen greift SD auf diese Datei zurück.

oo **OPTIMIZATION METHOD**

Wählen Sie unter vier verschiedenen Optimie-
rungsroutinen:

Complete Optimization: Diese Routine erreicht
den höchstmöglichen Optimierungsgrad. Der
Nachteil ist allerdings, daß sie sehr viel Zeit in
Anspruch nimmt.

File Unfragment: Diese Routine versucht, bei so
vielen Dateien wie möglich die Fragmentierung
zu entfernen. Sie ist schneller als die komplette
Optimierung, läßt aber einige große Dateien
unverändert.

Only Optimize Directories: Wie der Name schon
sagt, werden hier nur die Verzeichnisse optimiert, was aber auch schon einen deutlichen
Geschwindigkeitszuwachs bewirken kann. Die
Dateien werden in ihrem alten Zustand belassen,
was dazu führt, daß diese Routine sehr schnell
arbeitet.

Quick Compress: Quick Compress verschiebt nur die Dateien nach vorne, um die Löcher zu füllen. Die Dateien bleiben weiterhin fragmentiert. Auf diese Weise werden Dateien, die später auf der Diskette gespeichert werden, in einem Stück abgespeichert. Diese Methode ist zwar schnell, bringt aber keine bemerkenswerten Geschwindigkeitsvorteile.

oo   DIRECTORY ORDER

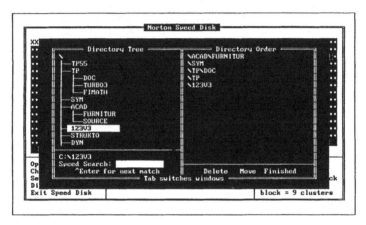

Bild 5-11 Menü DIRECTORY ORDER

Mit diesem Menüpunkt können Sie die Reihenfolge der Verzeichnisse auf der Festplatte bzw. Diskette festlegen. Verzeichnisse, die am Anfang stehen, können schneller angesprochen werden. Deshalb sollten Sie die am häufigsten gebrauchten Verzeichnisse immer an den Anfang setzen.

Nach dem Aufruf ist der Bildschirm in zwei große Bereiche eingeteilt (s. Bild 5-11). Im rechten Fenster stehen die Verzeichnisse, die an den Anfang gesetzt werden sollen. Im linken Fenster können Sie einen Verzeichnisbaum sehen. Mit <TAB> wechseln Sie zwischen den beiden Fenstern hin und her. Um ein Verzeichnis in die Rangfolge der Verzeichnisse aufzunehmen, wählen Sie mit den Cursortasten das gewünschte aus und drücken Sie <RETURN>. Es befindet sich dann an letzter Stelle in der Liste. Sie können es auch durch Drücken des Anfangsbuchstabens anwählen.

Um ein Verzeichnis in der Reihenfolge zu verschieben, müssen Sie sich im rechten Fenster befinden. Wählen Sie dann mit der linken und der rechten Pfeiltaste den Menüpunkt MOVE an, und drücken Sie zur Bestätigung <RETURN>. Nun können Sie es mit der oberen und der unteren Pfeiltaste in der Liste verschieben. Wenn Sie die richtige Position gefunden haben, drücken Sie <RETURN>.

Um ein Verzeichnis aus der Liste zu entfernen, wählen Sie es auf der rechten Seite aus. Steuern Sie dann mit <Cursor links> und <Cursor rechts> den Menüpunkt DELETE an und drücken Sie <RETURN>.

oo FILES TO PUT FIRST

Mit dieser Funktion können Sie bestimmen, welche Dateien am Anfang der Festplatte bzw. Diskette stehen sollen. Diese werden dann schneller eingelesen.

Geben Sie den Namen der Dateien an und drücken Sie nach jedem von ihnen <RETURN>. Haben Sie alle wichtigen Dateien angegeben, drücken Sie, um die Eingabe abzuschließen, einfach <RETURN>. Sie können bei der Angabe der Dateien auch Wildcards (* und ?) verwenden. Die Dateiangabe "*.COM" würde dann z. B. alle Dateien mit der Endung .COM an den Anfang stellen.

oo UNMOVEABLE FILES

Hier können Sie festlegen, welche Dateien nicht verschoben werden sollen, d.h. an ihrem Platz bleiben sollen. Versteckte Dateien und Systemdateien werden nicht verschoben. Geben Sie die Dateien ein, die Sie verstecken wollen. Die

Steuerung entspricht der Handhabung des vorhergehenden Menüpunktes.

oo **SHOW STATIC FILES**

Dieser Menüpunkt zeigt alle Dateien an, die
nicht verschoben werden sollen. Das sind in
jedem Fall die Systemdateien IO.SYS und
MSDOS.SYS.

oo **VERIFY ON/OFF**

Diese Routine überprüft sofort, nachdem eine
Datei an einen anderen Platz verschoben wurde,
ob sie noch gelesen werden kann. Das nimmt
natürlich einige Zeit in Anspruch. Voreingestellt: Verify Off. Um die Einstellung zu
ändern, rufen Sie diesen Menüpunkt auf, wählen Sie die gewünschte Einstellung mit <Cursor
links> oder <Cursor rechts> und aktivieren Sie
diese mit <RETURN>.

o **DISK STATISTICS**

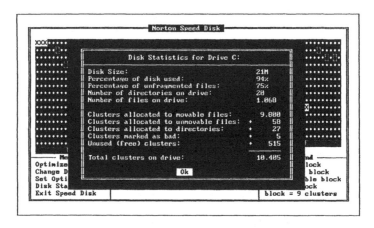

```
        Norton Speed Disk


Diskettenstatistik des Laufwerks C:
-----------------------------------
Größe des Datenträgers:                     21M
Diskettenbelegung in Prozent:               94%
Prozentsatz der fragmentierten Dateien:     75%
Anzahl der Verzeichnisse:                    20
Anzahl der Dateien:                       1.068


Zu verschiebbaren Dateien gehörende Cluster:  9.800
Zu ortsfesten Dateien gehörende Cluster:   +    58
Zu Verzeichnissen gehörende Cluster:       +    27
Defekte, markierte Cluster:                +     5
Unbenutzte (freie) Cluster:                +   515
                                            --------
Anzahl der Cluster insgesamt:              10.405
```

Bild 5-12 Festplatten-Information

Dieser Menüpunkt zeigt einige nützliche Daten Ihres
Disketten- bzw. Festplattenlaufwerks auf (s. Bild 5-12).

o   **EXIT SPEED DISK**

Verlassen von SD.

5.3.4 Hinweise

Die Abschnitte 5.3.2 und 5.3.3 gelten nur für die Version 4.5.
Der folgende Abschnitt hat auch für Benutzer der Version 4
Gültigkeit. Auf der Karte, die beim Optimierungsvorgang
dokumentiert, wie weit SD mit seiner Arbeit schon fortgeschritten ist, kennzeichnen "Punkte" die Cluster, die belegt
sind, "Leerzeichen" freie Cluster, "B" defekte Stellen auf der
Diskette und "X" Cluster, die nicht verschoben werden dürfen
(das sind versteckte Dateien und Systemdateien). Jedes cursor-
große Kästchen symbolisiert einen bestimmten Anteil des
Datenträgers (bei einer 360 kB-Diskette entspricht ein Kästchen einem Cluster). Über dieses Verhältnis wird rechts unten
informiert. Links davon steht, wieviel Prozent der Arbeit SD
schon hinter sich hat.

Wenn Sie SD mitten in der Arbeit abbrechen, so nehmen Sie dies bitte ausschließlich durch Drücken der <Esc>-Taste vor. SD speichert immer wieder Dateien im Arbeitsspeicher, die nicht mehr auf der Platte vorhanden sind und die erst später zurückgeschrieben werden. Wenden Sie aber einen Hardware-Reset an (An/Aus-Schalter oder Resetknopf), so wird SD keine Möglichkeit mehr gegeben, diese Dateien zurück auf den Datenträger zu schreiben. Diese Dateien sind dann für immer und ewig verloren! Nach Drücken von <Esc> speichert SD diese Dateien noch auf die Platte und steigt dann erst aus. Achten Sie auch immer darauf, daß Sie, wenn SD seine Arbeit verrichtet, keine speicherresidenten Programme laufen lassen, da das zu massiven Störungen bei SD führen kann.

Bei der Vielzahl von MS-DOS-Computern und DOS-Version kann man nie wissen, ob es nicht vielleicht eine Rechnerkonfiguration gibt, die sich mit SD nicht verträgt. Das ist zwar unwahrscheinlich, liegt aber dennoch im Bereich des Möglichen. Sie sollten deshalb, bevor Sie SD zum erstenmal anwenden, eine Sicherheitskopie Ihrer Festplatte auf Diskette machen.

Zu warnen ist davor, Orginaldisketten zu optimieren. Manche Softwarefirmen speichern eine oder mehrere Dateien auf der Diskette ab, die nicht verschoben werden dürfen. Werden diese von ihrem Platz verdrängt, erkennt der Kopierschutz die Orginaldiskette als Raubkopie und verhindert den Start des Programms. Diese Schutzdateien sind zwar meistens versteckt, manche Softwarefirmen verstecken jedoch diese Dateien nicht. SD wird zwar in den meisten Fällen diesen Kopierschutz entlarven und das Programm nicht beschädigen, aber es wäre nach Murphy möglich, daß ausgerechnet Ihre Originaldiskette eine Variation dieses Kopierschutzes besitzt, die SD nicht erkennt.

5.4 SF - SAFE FORMAT

DOS-Erweiterung

Version 4.5

sf [Laufwerk] [Parameter]
  oder
format [Laufwerk] [Parameter]

SF formatiert Ihre Disketten. Dies geschieht allerdings in raffinierterer Weise als mit dem geläufigen DOS-Befehl: SF ist viel komfortabler und schneller als der DOS-Befehl FORMAT. SF besitzt sogar ein eigenes FORMAT - "Safe Format" genannt, welches die Diskette viel schneller formatiert und mit welchem man auch auf Disketten nach unvorhergesehenem Formatieren problemlos die Daten zurückgewinnen kann. Die zweite Eingabemöglichkeit können Sie nur anwenden, wenn Sie mit dem mitgelieferten Installationsprogramm FORMAT von MS-DOS durch SF ersetzt haben. Das DOS-FORMAT heißt dann XXFORMAT (s. Kapitel 1.2: "Die Installation der Norton Utilities").

5.4.1 Aufruf

[Laufwerk]: Angabe des Laufwerks.

[Parameter]:
/a: Der Aufruf des Editors wird weggelassen, und die Diskette wird gemäß den angegebenen Einstellungen automatisch formatiert

/b: Für die Systemdateien wird Platz gelassen, so daß sie später auf die Diskette kopiert werden können.

/c: Das SF-eigene Format "Complete Format" wird benutzt. Dieses Format kann nur bei Disketten angewendet werden. Wird keiner der Schalter */c*, */q* oder */d* verwendet, so wird Safe Format verwendet.

/d: Das normale DOS-FORMAT wird benutzt.

/n:n: Gibt die Anzahl der Sektoren pro Spur an. N kann Werte von 8, 9, 15 oder 18 annehmen.

/q: Das SF-eigene "Quick Format" wird verwendet.

/s: Die Systemdateien werden auf die Diskette kopiert.

/size: Größe der Diskette (z. B. 720 kByte).

/t:n: Gibt die Anzahl der Spuren an. N kann 40 oder 80 sein.

/v:Name: Der Diskette wird ein Name gegeben, der maximal 11 Buchstaben lang sein darf und aus einem Wort bestehen muß. Der Name wird bei jedem DIR-Befehl angegeben werden. Dieser Schalter arbeitet gleich wie der Befehl VL (VOLUME LABEL) der Norton Utilities.

/1: Die Diskette wird nur auf einer Seite ("single sided") formatiert.

/4: Eine 360-KB Diskette ("double sided, double density") wird in einem 1.2 MB-Laufwerk formatiert.

/8: Es werden 8 Sektoren pro Spur verwendet (bewirkt das gleiche wie "*/n:8*").

5.4.2 Editor

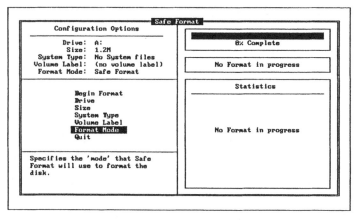

Bild 5-13 Hauptmenü von SAFE FORMAT

74

Der Editor ist das Herzstück von SF. Er gibt dem Benutzer die volle Kontrolle über SF und informiert mit Hilfe von Anzeigen immer über den aktuellen Stand der Dinge (s. Bild 5-13). Der Editor wird nicht aufgerufen, wenn der Schalter /a verwendet wurde, aber sonst immer. Wenn Sie SF ohne eine Laufwerksangabe verwenden, fragt SF zuerst nach dem Laufwerk, in dem der Formatierungsvorgang ablaufen soll. Wählen Sie mit <Cursor links> und <Cursor rechts> das gewünschte Laufwerk aus und bestätigen Sie die Wahl mit <RETURN>. Sie können auch den Laufwerksbuchstaben direkt drücken, um das richtige Laufwerk auszuwählen. SF beginnt nach dem Aufruf nicht sofort mit dem Formatieren, was Ihnen die Möglichkeit gibt, noch Einstellungen vorzunehmen.

Nach dem Aufruf ist der Bildschirm in zwei Hauptbereiche eingeteilt. Im linken befinden sich alle Menüs und die allgemeinen Daten (z. B. Laufwerksgröße, Name der Diskette, Name des Formats). Das obere Drittel dieser Hälfte beinhaltet die allgemeinen Daten, im mittleren Drittel sind die Menüpunkte aufgelistet. Im unteren Drittel steht der Hinweis, daß SF den Systembereich der Diskette, die neu formtiert werden soll, abspeichert, damit versehentliches Formatieren keine weitreichenden Folgen hat.

Der rechte Teil ist nur während des Formatierens wichtig. Er gibt Informationen über den Verlauf des Formatiervorgangs. Dieser Teil ist wiederum in drei Bereiche eingeteilt. Im oberen kennzeichnet ein farbiger Balken, wie weit SF schon ist. Zusätzlich steht im gleichen Fenster, wieviel Prozent der Arbeit SF schon verrichtet hat. Im mittleren steht, bei welchem Zylinder und Kopf sich SF gerade befindet. Der untere Bereich zeigt an, wie lange der Formatiervorgang vorraussichtlich dauern wird, wie lange er schon dauert, wieviele Sektoren die Diskette besitzt, bis zu welchem Sektor SF schon vorgedrungen ist, wieviele Sektoren defekt sind, wieviel Platz auf der Diskette ist, wieviel Platz der Systembereich wegnimmt, wieviel Platz die defekten Bereiche kosten, und wieviel Platz dann noch für Daten übrigbleibt.

Die Menüpunkte werden mit <Cursor hoch> und <Cursor runter> ausgewählt und mit <RETURN> aufgerufen. Stattdessen können Sie auch den farblich gekennzeichneten Buchstaben jedes Menüpunktes zum Aufruf verwenden.

5.4.3 Die Menüs von SF

o   **BEGIN FORMAT**

Startet den Formatiervorgang. Wenn die Diskette, die
zu diesem Zeitpunkt im ausgewählten Laufwerk liegt,
Dateien enthält, fragt SF zur Sicherheit, ob diese Diskette wirklich formatiert werden soll. Das erleichtert es
dem Benutzer, Unfälle zu vermeiden.

o   **DRIVE**

Steuern Sie das gewünschte Laufwerk mit <Cursor
links> und <Cursor rechts> an, und drücken Sie
<RETURN>, um die Wahl zu bestätigen. Sie können auch
durch Drücken des Laufwerksbuchstabens das Laufwerk auswählen. Das gerade gültige Laufwerk wird in
dem Fenster in der untersten Zeile angezeigt. Mit
<Esc> verlassen Sie diesen Menüpunkt, ohne Ände-
rungen vorzunehmen.

o   **SIZE**

In dem Fenster stehen alle Diskettenkapazitäten, die
vom aktuellen Laufwerk unterstützt werden. Wählen Sie
mit <Cursor links>, <Cursor rechts> und <RETURN> die
gewünschte Größe an. Am unteren Rand steht wieder
die aktuelle Einstellung. Mit <Esc> verlassen Sie diesen
Menüpunkt, ohne Änderungen vorzunehmen. Achtung:
Dieser Menüpunkt kann nicht dazu verwendet werden,
die Größe einer Festplattenpartition zu ändern. Dies
kann nur mit dem DOS-Kommando FDISK erreicht
werden. Sollten Sie es trotzdem versuchen, erhalten Sie
eine Fehlermeldung.

o   **SYSTEM TYPE**

Hier können Sie entscheiden, ob Sie die Systemdateien
auf die Diskette kopieren wollen oder nicht. Sie können
als dritte Möglichkeit Platz für die Systemdateien reser-
vieren. Mit <Cursor hoch>, <Cursor runter> und
<RETURN> treffen Sie Ihre Entscheidung. Wie immer
werden Sie am unteren Rand über die aktuelle Einstellung informiert. Mit <Esc> verlassen Sie diesen Menüpunkt, ohne Änderungen vorzunehmen.

o **VOLUME LABEL**

Geben Sie den Namen der Diskette ein. Er darf maximal elf Buchstaben lang sein. Mit <RETURN> beenden Sie die Eingabe. <Esc> verläßt diesen Menüpunkt, ohne Änderungen vorzunehmen. Der vergebene Name wird bei jedem DIR-Kommando angegeben. Dieser Menüpunkt bewirkt das gleiche wie der Befehl VL der Norton Utilities.

o **FORMAT MODE**

Wählen Sie den gewünschten Formatiermodus mit <Cursor hoch>, <Cursor runter> und <RETURN> aus. Mögliche Modi sind:

Safe Format: Dieser Modus formatiert die Diskette so, daß beim Formatieren die Dateien nicht gelöscht werden. Deshalb können von einer versehentlich formatierten Diskette auch mit QU und UD die Dateien und Verzeichnisse wiederhergestellt werden, was mit DOS-FORMAT nicht möglich ist. Außerdem ist diese Formatierung viel schneller als DOS-FORMAT.

Quick Format: Diese Prozedur geht sogar noch schneller vor sich, denn sie dauert lediglich einige wenige Sekunden. Quick Format erneuert nur den Systembereich, was sich besonders dann eignet, wenn eine ganze Diskette gelöscht werden soll, ohne sie zu formatieren, oder wenn man einen großen Verzeichnisbaum von einer Festplatte entfernen will.

DOS Format: Die Formatierroutine von MS-DOS wird verwendet. Diese Routine löscht alle Daten auf der Diskette.

Complete Format: Dieses Format entspricht weitgehend Safe Format, formatiert aber auch die zerstörten Sektoren, um die Disketten zuverlässiger zu machen. Complete Format ist nur bei Disketten anwendbar.

o   **QUIT**

SF wird verlassen.

sf a: /s /v:Lotus /a:
Die Diskette in Laufwerk A wird formatiert. Die Systemdateien werden
mit auf die Diskette kopiert (/s) und der Name Lotus wird vergeben
(/v:Lotus). Dabei wird der Editor umgangen (/a).

sf a: /d /n:9
Die Diskette in Laufwerk A wird mit dem DOS-FORMAT formatiert (/d).
Pro Spur besitzt die Diskette nach dem Formatieren neun Sektoren
(/n:9).

6 Zusätzliche Befehlsmöglichkeiten

In diesem Kapitel sind die weniger umfangreichen Befehle in alphabetischer Reihenfolge aufgeführt. Die Struktur entspricht der Beschreibung in Kapitel 2 (NORTON INTEGRATOR).

BE - BATCH ENHANCER

DOS-Erweiterung

Version 3, 4, 4.5

be Unterkommando [?]
   oder
be [Laufwerk] [Verzeichnis] Datei

Mit BATCH ENHANCER können Sie optisch ansprechende Batchprogramme (das sind Programme mit der Endung .bat) in MS-DOS schreiben, ohne daß Sie in die innersten Geheimnisse Ihres Computers eingeweiht sein müssen. BE ermöglicht Ihnen z.B. eine komfortable Menüabfrage, Fenstertechnik und freie Farbwahl.

In der Version 4 waren bereits drei der sieben Unterkommandos als selbständige Befehle vorhanden, in der Version 3 zwei. Diese Befehle sind: ASK (nur in Version 4), BEEP und SCREEN ATTRIBUTE. Benutzer der Versionen 3 und 4 verwenden sie unabhängig vom BE, den es in diesen Versionen noch nicht gab, d.h. sie lassen "BE" vor dem Unterkommando weg. Die Syntax hat sich, wenn nicht anders beschrieben, nicht geändert.

Unterkommando: Eines der Unterkommandos ASK, BEEP, BOX, PRINTCHAR, ROWCOL, WINDOW oder SA, die später erläutert werden.

[?]: Wenn Sie an den Namen des Unterkommandos ein Fragezeichen anschließen, erhalten Sie Hilfen zur Bedienung dieses Befehls. Mit "BE ?" erhalten Sie Bedienungshinweise für den gesamten Befehl BE.

[Laufwerk]: Angabe des Laufwerks, in dem sich das Batchprogramm befindet.

[Verzeichnis]: Angabe des Verzeichnisses.

Datei: Angabe des Namens der Batchdatei, die vom BE Gebrauch macht. Dateien, die mit Hilfe des BE geschrieben wurden, sind nur auf diese Weise lauffähig, da MS-DOS die Befehle von BE sonst nicht erkennt.

ASK
Version 4, 4.5

be ask Kommentar[,Tastenliste] [Zusätze]

Der Unterbefehl ASK ermöglicht eine komfortable Menüabfrage unter MS-DOS. Er macht sich dabei die Eigenschaften der sog. "Errorlevels" (Systemvariablen) zunutze.

Kommentar: Der Kommentar enthält die Eingabeaufforderung (z.B. *"Treffen Sie Ihre Wahl:"*).Dieser Kommentar wird auf dem Bildschirm ausgegeben. Er darf allerdings kein Komma enthalten, da ASK die nach dem Komma folgenden Zeichen als Entscheidungstasten interpretiert (siehe auch Tastenliste). Besteht der Befehl aus mehr als einem Wort, so ist er in Anführungszeichen zu setzen.

[,Tastenliste]: Hier sind alle Tasten anzugeben, die abgefragt werden sollen und ASK dann veranlassen, zum entsprechenden Menüpunkt zu springen. Es können alle über die Tastatur erreichbaren Buchstaben, Zahlen und Zeichen eingegeben werden. Zwischen Groß- und Kleinbuchstaben wird nicht unterschieden. Die einzelnen Tasten sind NICHT durch ein Komma oder Leerzeichen getrennt! Der als letzten angegebenen Taste wird der höchste Errorlevel zugeordnet, der ersten Taste in der Liste der Errorlevel 1. Durch Druck auf eine in der Tastenliste definierte Taste wird der entsprechende Errorlevel ausgelöst. Nicht definierte Tasten werden mit einen Piepser honoriert. Wird die Tastenliste weggelassen, so kann ASK als Ersatz für den MS-DOS-Befehl ECHO verwendet werden. Der einzige Unterschied zu ECHO besteht darin, daß man eine beliebige Taste drücken muß, um im Programm fortzufahren. Es wird dann der Errorlevel 0 an das Programm weitergegeben.

[Zusätze]:

DEFAULT=Taste: Nur Version 4.5. Die hier angegebene Taste wird ausgelöst, wenn innerhalb der mit TIMEOUT=n definierten Wartezeit keine gültige Taste oder <RETURN> gedrückt wurde. Diese Taste muß in der Tastenliste vorhanden sein. DEFAULT=Taste ist nur in Verbindung mit TIMEOUT=n sinnvoll.

TIMEOUT=n: Nur Version 4.5. N gibt die Zeit in Sekunden an, die ASK wartet, bis der mit "DEFAULT=Taste" definierte Wert zurückgegeben wird. Ist n=0 oder wird dieser Zusatz nicht verwendet, so wartet ASK solange, bis eine Taste gedrückt wurde. TIMEOUT=n ist nur in Verbindung mit DEFAULT=Taste sinnvoll.

Farbname: Nur Version 4.5. Bestimmt die Farbe, in der der Kommentar ausgegeben wird. Mögliche Farbnamen: White (weiß), Black (schwarz), Red (rot), Magenta (rosa), Blue (blau), Green (grün), Cyan (hellblau), Yellow (gelb).

Um ein Menü zu programmieren, muß zuerst mit dem MS-DOS-Befehl ECHO das Menü auf den Bildschirm gebracht werden. Dann kommt der ASK-Befehl mit dem Kommentar und der Tastenliste. Anschließend wird mit dem DOS-Befehl IF der Errorlevel abgefragt und mit GOTO zur entsprechenden Sprungmarke (=Label) verzweigt.

Nobody is perfect: Leider kann auch der "EDV-Guru" Norton nicht alles bieten. Um eine korrekte Abfrage zu ermöglichen, müssen die Errorlevel beginnend vom höchsten zum niedrigsten in absteigender Reihenfolge abgefragt werden. Wenn Ihnen diese Beschreibung die Anwendung von ASK nicht genügen sollte, schauen Sie sich am besten einmal das folgende Beispiel an, dann wird die Funktionsweise sofort klar.

```
echo off
:begin                      ; Sprungmarke "begin"
echo A=Abbrechen            ; Menü ausgeben
echo W=Weitermachen
be ask Und nun ?,aw         ; ASK-Befehl. Bei den Versionen 3
                            und vier wird das "be" vor "ask"
                            weggelassen.
if errorlevel 2 goto begin  ; IF...GOTO Abfrage
if errorlevel 1 goto ende
:end                        ; Sprungmarke "end"
```

BEEP
Version 3, 4, 4.5

be beep [/dn][/fn][rx][/wn]
oder (ab Version 4)
be beep [Laufwerk] [Verzeichnis] Datei [/e]

Mit BEEP kann man in Batch-Dateien (Dateien mit dem Namenszusatz .BAT) oder durch direkte Befehlseingabe Töne verschiedener Höhe und Länge spielen. Man kann die Höhe und Länge aber auch aus einer Datei lesen und spielen lassen. BEEP ist bereits in den Versionen 3 und 4 der Norton Utilities enthalten.

[/dn]: Dieser Zusatz bestimmt die Tondauer (engl. duration: Dauer). Leider entspricht nicht n=1 einer Sekunde, sondern 1/18-Sekunde. */d18* hält den Ton also eine Sekunde lang. Wird kein Wert angegeben, so ist */d5* eingestellt, was etwa 0,28 Sekunden entspricht.

[/e]: Nur Version 4.5. In Musikdateien werden die Kommentare, die in Anführungszeichen stehen, auf dem Bildschirm ausgegeben.

[/fn]: Mit diesem Zusatz kann die Tonhöhe (engl. frequency: Tonhöhe, Frequenz) eingestellt werden. Die Frequenzen können zwischen 1 und 98302 Hertz liegen. Werden Werte darüber angegeben oder wird dieser Parameter nicht verwendet, wird automatisch eine Frequenz von 900 Hertz angenommen. Frequenzen über 18000 Hertz sind allerdings nicht sinnvoll, da der Mensch nur Frequenzen bis max. 20000 Hertz wahrnehmen kann. Alle Parameter können auch an anderer Stelle im Befehl vorkommen.

[/rn]: Dieser Parameter legt die Zahl n der Wiederholungen eines Tones fest (engl. to repeat: wiederholen)

[/wn]: Ab Version 4. Steht für die Pausendauer zwischen zwei Tönen (eng. to wait: warten). Es gilt die gleiche Umrechnung wie bei */fn.*

[Laufwerk]: Ab Version 4. Angabe des Laufwerks, in dem sich die Musikdatei befindet.

[Verzeichnis]: Ab Version 4. Verzeichnisangabe.

Datei: Ab Version 4. Diese Variation des BEEP-Befehls ermöglicht Ihnen, die Daten (z.B. Tonhöhe und Tondauer) aus einer Datei einzulesen. Die Datei muß aus üblichen Zeilen bestehen, nur der BEEP-Befehl am Anfang jeder Zeile wird weggelassen. Eine solche Datei können Sie beispielsweise mit EDLIN programmieren. Sie können der Datei auch Kommentare beifügen, die mit einem Strichpunkt vor dem Kommentar gekennzeichnet werden. Diese Kommentare werden ignoriert, es sei denn, der Parameter /e wird verwendet. In diesem Falle werden die Teile des Kommentars, die in Anführungszeichen stehen, auf dem Bildschirm ausgegeben.

```
be beep /f500/d2/r10/w2 :
```
Der Ton mit der Frequenz 500 Hertz und der Dauer von 1/9 Sekunde wird 10 mal hintereinander gespielt. Zwischen den Tönen ist eine ebensolange Pause.

```
be beep vier:
```
Die Musikdatei "vier" wird gelesen und gespielt. Dazu muß zuerst eine Datei erzeugt werden, beispielsweise:

```
/f523/d18  : Höhe:  523 Hertz; Dauer: 1 s
/f659/d18  : Höhe:  659 Hertz; Dauer: 1 s
/f784/d18  : Höhe:  784 Hertz; Dauer: 1 s
/f1047/d36 : Höhe: 1047 Hertz; Dauer: 2 s
```

BOX
Version 4.5

be box Oben,Links,Unten,Rechts [single oder double] [Farbe]

Mit BOX können Sie ein unausgefülltes Rechteck auf den Bildschirm bringen. Da ein Rechteck durch den oberen linken und den unteren rechten Eckpunkt definiert ist, müssen nur die Koordinaten dieser zwei Punkte angegeben werden. Mit diesem Befehl könnten Sie z.B. eine wichtige Meldung umrahmen.

Oben: Gibt die Zeile der oberen linken Ecke an. Dieser Wert muß kleiner sein als der Wert bei *Unten* und innerhalb des Bildschirms liegen.

Links: Gibt die Spalte der oberen linken Ecke an. Dieser Wert muß kleiner sein als der Wert bei *Rechts* und innerhalb des Bildschirms liegen.

Unten: Gibt die Zeile der unteren rechten Ecke an. Dieser Wert muß größer sein als der Wert bei *Oben* und innerhalb des Bildschirms liegen.

Rechts: Gibt die Spalte der unteren rechten Ecke an. Dieser Wert muß größer sein als der Wert bei *Links* und innerhalb des Bildschirms liegen.

[single]: Das Rechteck wird einfach gezeichnet.

[double]: Das Rechteck wird mit einer Doppellinie umrahmt.

[Farbe]: Farbe des Rechtecks. Mögliche Farbnamen: White (weiß), Black (schwarz), Red (rot), Magenta (rosa), Blue (blau), Green (grün), Cyan (hellblau), Yellow (gelb).

```
be box 10,10,20,20:
```
Ein Rechteck mit den beiden Eckpunkten 10/10 und 20/20 wird gezeichnet.

```
be box 10,10,20,20 double yellow:
```
Ein Rechteck mit den beiden Eckpunkten 10/10 und 20/20 wird mit der Farbe Gelb doppelt umrahmt.

CLS
Version 4.5

be cls

Der Befehl BE CLS löscht den Bildschirm und positioniert den Cursor in der linken oberen Ecke.

DELAY
Version 4.5

be delay Verzögerung

Mit diesem Befehl können Sie die Programmausführung künstlich verzögern.

Verzögerung: Die Verzögerung wird, wie bei BEEP, in Einheiten von 1/18-Sekunden angegeben.

```
be delay 18:
Die Programmausführung wird für eine Sekunde angehalten.
```

PRINTCHAR
Version 4.5

be printchar Zeichen, Wiederholungen [Farbe]

Mit PRINTCHAR können Sie ein beliebiges Zeichen in einer beliebigen Farbe auf dem Bildschirm beliebig oft ausgeben.

Zeichen: Ein über die Tastatur erreichbares Zeichen. Werden mehrere Zeichen hintereinander angegeben, so findet nur das erste Beachtung. Eine mehrmalige Wiederholung von ganzen Wörtern oder Sätzen ist also nicht möglich.

Wiederholungen: Gibt an, wie oft das Zeichen wiederholt werden soll.

[Farbe]: Die Farbe, in der das Zeichen ausgegeben werden soll. Mögliche Farben: White (weiß), Black (schwarz), Red (rot), Magenta (rosa), Blue (blau), Green (grün), Cyan (hellblau), Yellow (gelb).

```
be printchar A,10 green:
Der Buchstabe A wird zehn mal in der Farbe Grün ausgegeben.
```

ROWCOL
Version 4.5

be rowcol Zeile,Spalte[,Text] [Farbe]

ROWCOL verschiebt den Cursor an die angegebene Position und gibt eventuell noch einen Text aus.

Zeile: Zeile der neuen Cursorposition.

Spalte: Spalte der neuen Cursorposition.

[Text]: Text, der an der neuen Cursorposition ausgegeben werden soll. Besteht er aus mehr als aus einem Wort, so ist er in Anführungszeichen zu setzen.

[Farbe]: Farbe, in der der Text ausgegeben werden soll. Mögliche Farben: White (weiß), Black (schwarz), Red (rot), Magenta (rosa), Blue (blau), Green (grün), Cyan (hellblau), Yellow (gelb).

```
be rowcol 10,10,"Das ist eine Demo!!" magenta:
An der Position 10/10 wird der Text "Das ist eine Demo" in der Farbe
Magenta ausgegeben.
```

SCREEN ATTRIBUTES - SA
Version 3, 4, 4.5

be sa Textdarstellung [Parameter]
oder
be sa [Zeichensatz] [Vordergrund] [on Hintergrund] [Parameter]

Mit SA wird Ihnen die Möglichkeit gegeben, die Vorder- bzw. die Hintergrundfarbe oder die Textdarstellung einzustellen. Um eine Eigenschaft zu bestimmen, reicht es völlig aus, nur die ersten drei Buchstaben (z.B. *und* anstelle von *underline*) anzugeben. Bei der Ausführung von SA wird zuerst der Bildschirm gelöscht; deshalb können auch nicht verschiedene Vordergrundfarben gleichzeitig dargestellt werden. Wenn Sie SA nutzen wollen, muß sich die Zeile "DEVICE=ANSI.SYS" in Ihrer CONFIG.SYS-Datei befinden. Ist das nicht der Fall, gibt SA eine Fehlermeldung aus.

Textdarstellung:

normal: Normale Textdarstellung.

reverse: Inverse Textdarstellung (dunkle Zeichen auf hellem Hintergrund).

underline: Der eingegebene Text wird unterstrichen. Nur mit Hercules-Karte möglich!

[Zeichensatz]:

blinking: Buchstaben blinken.

bold: Buchstaben werden fett dargestellt.

bright: Buchstaben werden hell dargestellt (nur Hercules). Bei anderen Grafikkarten bewirkt *bright* das gleiche wie *bold*.

[Vordergrund]: Die Schriftfarbe wird bestimmt. Nur möglich mit Farbgrafikkarte. Mögliche Farben: White (weiß), Black (schwarz), Blue (Blau), Green (grün), Red (rot), Magenta (rosa), Cyan (hellblau), Yellow (gelb).

[on Hintergrund]: Die Hintergrundfarbe wird festgelegt. Der Hintergrund kann aus den gleichen Farben wie der Vordergrund bestehen. Nur möglich mit Farbgrafikkarte.

[Parameter]:

/n: Der Bildschirmrand wird nicht mit verändert. Besitzer einer EGA-Karte kennen dieses Problem ohnehin nicht, da diese Grafikkarte den ganzen Bildschirm nutzt und deshalb gar keinen Rahmen verwendet.

/cls: Der Bildschirm wird auch gelöscht, nachdem die Änderungen vorgenommen wurden.

```
sa rev:
Alle Zeichen werden invers dargestellt.

sa red on green /n:
Rote Schrift auf grünem Hintergrund. Der Rahmen wird nicht mit einge-
färbt.
```

87

WINDOW
Version 4.5

be window Oben, Links, Unten, Rechts [Farbe] [shadow] [explode]

WINDOW zeichnet, wie der Name schon sagt, ein Fenster auf den Bildschirm, in dem z.B. Abfragen erfolgen könnten. Wie das Rechteck ist auch das Fenster durch den oberen linken und den unteren rechten Bildpunkt definiert.

Oben: Gibt die Zeile der oberen linken Ecke an. Dieser Wert muß kleiner sein als der Wert bei *Unten* und innerhalb des Bildschirms liegen.

Links: Gibt die Spalte der oberen linken Ecke an. Dieser Wert muß kleiner sein als der Wert bei *Rechts* und innerhalb des Bildschirms liegen.

Unten: Gibt die Zeile der unteren rechten Ecke an. Dieser Wert muß größer sein als der Wert bei *Oben* und innerhalb des Bildschirms liegen.

Rechts: Gibt die Spalte der oberen rechten Ecke an. Dieser Wert muß größer sein als der Wert bei *Links* und innerhalb des Bildschirms liegen.

[Farbe]: Farbe des Fensters. Mögliche Farbnamen: White (weiß), Black (schwarz), Red (rot), Magenta (rosa), Blue (blau), Green (grün), Cyan (hellblau), Yellow (gelb).

[shadow]: Das Fenster wird mit einem Schatten gezeichnet.

[explode]: Das Fenster "wächst" in seine richtige Größe hinein. Bei älteren Versionen heißt dieser Zusatz *zoom*.

```
be window 10,10,20,20 blue explode:
Das Fenster mit den beiden Eckpunkten 10/10 und 20/20 wird blau ge-
zeichnet. Dabei wächst es in seine richtige Größe hinein.
```

DI - DISK INFORMATION

Information

Version 4, 4.5

di [Laufwerk]

DI liefert Ihnen genaue Informationen über den Aufbau der Diskette bzw. Festplatte, z.b. Sektorgröße, aktives Betriebssystem oder Sektoren pro Cluster. DI bezieht diese Daten teilweise von MS-DOS, aber auch aus dem Bootsektor. Der Menüpunkt DISPLAY TECHNICAL INFORMATION des Hauptprogramms NU zeigt einen Teil dieser Informationen ebenfalls. Bei älteren Ausgaben der Version 4 ist es möglich, daß DI noch nicht vorhanden ist.

```
di c:
DI-Disk Information, Advanced Edition 4.50, (C) Copr 1987-88, Peter Norton

   Information from DOS        Drive C:        Information from the boot record
   --------------------------------------------------------------------------------
                               system id            'PSA 3.1'
                               media descriptor (hex)     F8
          2                    drive number
        512                    bytes per sector           512
          4                    sectors per cluster          4
          2                    number of FATs               2
        512                    root directory entries     512
         41                    sectors per FAT             41
     10.405                    number of clusters
                               number of sectors       41.735
          1                    offset to FAT                1
         83                    offset to directory
        115                    offset to data
                               sectors per track           17
                               sides                        4
                               hidden sectors              17
```

```
   DI, Advanced Edition 4.50, (C) Copr 1987-88, Peter Norton

   Information von DOS     Laufwerk C:    Information vom Bootsektor
                           System-Nr.                  'PSA 3.1'
                           Media Descriptor               F8
          2                Laufwerksnummer
        512                Bytes pro Sektor               512
          4                Sektoren pro Cluster             4
          2                Anzahl der FATs                  2
        512                Einträge ins Hauptverzeichnis  512
         41                Sektoren pro FAT                41
     10.405                Anzahl der Cluster
                           Anzahl der Sektoren         41.735
          1                Offset bis FAT                   1
         83                Offset bis Verzeichnis
        115                Offset bis Datenbereich
                           Sektoren pro Spur               17
                           Seiten                           4
                           versteckte Sektoren             17
```

Bild 6-1 Festplatten-Information

[Laufwerk]: Angabe des Laufwerks. Liegt keine Diskette im entsprechenden Laufwerk, so erscheint die DOS-Fehlerabfrage *"Nicht-Bereit-Fehler! Fehler beim Lesen in Laufwerk A. Abbrechen, Wiederholen, Fehler ?".* Wenn Sie "f" für Fehler drücken, ermittelt DI die Werte zwar trotzdem, weist aber darauf hin, daß die Informationen falsch sein könnten.

```
di a:
Informiert über das Laufwerk A.
```

DS - DIRECTORY SORT

Directory-Befehl

Version 3, 4, 4.5

ds [Kriterium] [+ oder -] [Laufwerk] [Verzeichnis] [Parameter]
oder (ab Version 4):
ds [Laufwerk] [Verzeichnis] [Parameter]

DIRECTORY SORT sortiert die Dateien der ausgewählten Diskette nach den ausgewählten Sortierkriterien. Ab Version 4 gibt es darüberhinaus ein menügesteuertes Sortierprogramm , das am Ende erläutert wird. Für beide Methoden gilt, daß DS keine versteckten Dateien oder Systemdateien verschiebt, da viele Kopierschutzeinrichtungen bei bestimmten Dateien, die zumeist versteckt sind, die Position abfragen. Steht diese Datei an anderer Stelle auf der Diskette, so kann das Programm nicht ausgeführt werden. Das hat auf einer Orginaldiskette fatale Folgen, da sie plötzlich als Raubkopie identifiziert wird und somit nicht mehr lauffähig ist.

[Kriterium]: An dieser Stelle ist das Kriterium, nach dem sortiert werden soll, anzugeben. Wird keines angegeben, so wird der Editor aufgerufen. Man kann auch mehrere Kriterien hintereinander verwenden. Gibt es dann nach der Sortierung durch das eine Kriterium zwei oder mehrere Dateien, die die gleichen Eigenschaften aufweisen, so werden diese mit den nachfolgenden Kriterien sortiert. Die einzelnen Kriterien werden NICHT durch ein Komma getrennt. Mögliche Kriterien sind:

n = Namen der Dateien
e = Extension (Erweiterung nach dem Punkt)
d = Datum
t = Zeit
s = Größe

[+ oder -]: Definition der Sortierrichtung. + steht für eine aufsteigende, - für eine abfallende Reihenfolge. Voreingestellt ist eine aufsteigende Folge.

[Laufwerk]: Angabe des Laufwerks.

[Directory]: Angabe des zu sortierenden Verzeichnisses.

[Parameter]:

/bn: Definition der Hintergrundfarbe (Werte von 1 bis 15). Kann nur von Farbbildschirmen genutzt werden.

/bw: Wichtig für Monochrommonitorbesitzer mit Farbgrafikkarte, um einen lesbaren Bildschirmaufbau zu erhalten.

/dn: Hiermit wird der Bildschirmtreiber ausgewählt.
   /d0: normaler Bildschirmtreiber für IBM-Kompatible (voreingestellt).
   /d1: Treiber für Rechner, die nur BIOS-kompatibel zum IBM PC sind.
   /d2: Für "Härtefälle" in der Kompatibilität. Um den Parameter /d2 anwenden zu können, muß aber die Zeile "DEVICE=\ANSI.SYS" in CONFIG.SYS eingebunden sein.

/fn: Definition der Vordergrundfarbe (Werte von 1 bis 15). Kann nur von Farbbildschirmen genutzt werden.

/s: Auch die Subdirectories, die sich unter dem angegebenen oder aktuellen Verzeichnis befinden, werden nach den gleichen Kriterien sortiert.

/tv: Macht die Arbeit mit diesem Befehl unter Topview und Microsoft Windows möglich.

Nun zu der Besonderheit ab Version 4. Hier ist es auch möglich, DS ohne Sortierkriterium aufzurufen. Dann wird der Editor aufgerufen. Die genaue Syntax entnehmen Sie bitte dem Anfang der Beschreibung.

```
┌────────────────────────[ Directory Sort ]────────────────────────┐
│          ┌─ C:\NU ──────────────────────────┐                     │
│   Name   │ Size  │   Date   │  Time  │       │                     │
│  read  me│ 3.864 │ 3 Jan 89 │ 16.50  │  Sort by        Order      │
│  fr    exe│ 44.656 │ 3 Jan 89 │ 16.50 │                            │
│  ndd   exe│128.536 │ 3 Jan 89 │ 16.50 │                            │
│  nu    exe│141.832 │ 3 Jan 89 │ 16.50 │                            │
│  nu    hlp│ 18.919 │ 3 Jan 89 │ 16.50 │                            │
│  install exe│ 34.312 │ 3 Jan 89 │ 16.50 │                          │
│  ds    exe│ 36.298 │ 3 Jan 89 │ 16.50 │                            │
│  dt    exe│ 21.314 │ 3 Jan 89 │ 16.50 │ ─────────────────────────  │
│  ff    exe│  9.046 │ 3 Jan 89 │ 16.50 │                            │
│  ncc   exe│ 51.688 │ 3 Jan 89 │ 16.50 │                            │
│  ncd   exe│ 36.136 │ 3 Jan 89 │ 16.50 │        Name                │
│  ni    exe│ 42.966 │ 3 Jan 89 │ 16.50 │        Extension           │
│  qu    exe│ 18.672 │ 3 Jan 89 │ 16.50 │        Date                │
│  sd    exe│ 67.884 │ 3 Jan 89 │ 16.50 │        Time                │
│  sf    exe│ 50.838 │ 3 Jan 89 │ 16.50 │        Size                │
│  vl    exe│ 11.338 │ 3 Jan 89 │ 16.50 │                            │
│  be    exe│ 22.652 │ 3 Jan 89 │ 16.50 │     Clear sort order       │
│                                        │     Move sort entry       │
│      Space bar selects files for moving                            │
│  Re-sort    Move file(s)    Change sort order  Write changes to disk│
│                    ── Press F1 for Help ──                          │
└────────────────────────────────────────────────────────────────────┘
```

Bild 6-2 Hauptmenü von DIRECTORY SORT

Wenn Sie auf diese Weise DS aufrufen, erscheint ein Editor (s. Bild 6-2). Er bietet praktisch die gleichen Möglichkeiten wie DS in Version 3, darüberhinaus jedoch noch die manuelle Manipulation der Dateienreihenfolge, was besonders wertvoll ist, wenn Sie z. B. besonders wichtige Dateien an den Anfang stellen wollen, um sie schnell zu finden. Er hat auch den Vorteil, daß die Veränderungen direkt am Bildschirm angezeigt werden.

Das linke große Fenster enthält die Dateinamen samt den dazugehörigen Informationen (Größe, Datum, Zeit). Sind es mehr Dateien, als der Editor auf dem Bildschirm gleichzeitig darstellen kann, kann man sich durch Drücken der Pfeiltasten die restlichen Dateinamen ansehen. Am unteren Bildschirmrand sehen Sie die Menüleiste, deren einzelne Punkte durch Drücken auf den entsprechenden, gelb unterlegten Anfangsbuchstaben aufgerufen werden können. Der Menüpunkt CHANGE ORDER kann auch durch Drücken der rechten Pfeiltaste ausgelöst werden. Man findet sich dann auf der rechten Bildschirmseite wieder. Die linke Pfeiltaste oder die TAB-Taste befördert Sie wieder auf die linke Seite. Mögliche Menüpunkte sind:

R = RE-SORT: Das Verzeichnis wird gemäß den festgelegten Sortierkriterien sortiert, aber noch nicht gespeichert.

M = MOVE FILE(S): (Verschiebe Dateien). Um eine oder mehrere Dateien manuell zu verschieben, wird die gewünschte Datei mit den Cursortasten ausgewählt und mit der Leer- oder <RETURN>-Taste markiert (Dreieck vor dem Dateinamen). Nach Drücken der Taste M kann man diese Dateien mit den Cursortasten beliebig in der Dateireihenfolge verschieben. Ein Druck auf die <RETURN>-Taste positioniert die Dateien dann an der angewählten Stelle.

C = CHANGE SORT ORDER: (Wechseln der Sortierreihenfolge). Durch Eingabe der Anfangsbuchstaben der unter dem Strich aufgeführten Kriterien wird dieses Sortierkriterium ausgewählt. + oder - bestimmt die Sortierrichtung. Es sind wieder mehrere Sortierkriterien möglich. Untermenüpunkte sind:

CLEAR SORT ORDER: Die bestimmten Kriterien werden gelöscht.

MOVE SORT ENTRY: Die Kriterien können mit der gleichen Handhabung wie bei MOVE FILES in ihrer Reihenfolge verändert werden.

W = WRITE CHANGES TO DISK: Das sortierte Verzeichnis wird gespeichert.

```
ds ns- a:\nu /s:
```
Die Dateien im Verzeichnis nu und darunter werden nach Namen und fallender Größe sortiert.

```
ds a:\lotus /b4:
```
Der Editor wird aufgerufen und es werden die Dateien des Verzeichnisses lotus angezeigt. Die Hintergrundfarbe ist rot.

DT - DISK TEST

Version 3, 4, 4.5

dt [Laufwerk] [Verzeichnis] [Datei] [Parameter]

Der Befehl DISK TEST testet die Speicherplatte auf Fehler-
haftigkeit. Defekte Cluster können für die Benutzung gesperrt
werden. Es erscheint bei gefundenen, unbenutzten Clustern
eine Sicherheitsabfrage. Weiterhin können Dateien, die teilweise in defekten Clustern gespeichert sind, zum Teil noch
gerettet werden. Sie sollten DT in regelmäßigen Abständen
benutzen, um Ihren Datenbestand wirkungsvoll zu schützen.
Mit der Tastenkombination <Ctrl+Break> kann DT unterbro-
chen werden.

Wurden beim Diskettentest keine defekten Cluster gefunden,
so erscheint keine besondere Meldung. Wenn ein defekter
Cluster gefunden wurde, der aber schon gesperrt wurde,
erscheint die Meldung *"No danger"*, wurde ein kaputter Cluster
gefunden, der noch nicht markiert wurde und keine Dateien
enthält, meldet DT *"Danger to come"*. Sie sollten dann diesen
Cluster unverzüglich sperren. Am schlimmsten ist es, wenn Sie
die Meldung *"Danger now"* empfangen. Dann nämlich liegen
Teile einer Datei in kaputten Clustern und dieser Teil ist verloren. DT führt nach dieser Meldung noch einen Dateitest
durch und informiert Sie darüber, welche Dateien von der
Beschädigung betroffen sind. Sie sollten DT dann sofort noch
einmal mit dem Schalter /m aufrufen, der die noch lesbaren
Teile der Datei zusammenführt, sie an einem sicheren Ort
speichert und die defekten Cluster markiert. Sozusagen ein
"GAU" (Größter Anzunehmender Unfall) aber liegt vor, wenn
die Cluster des Bootsektors, der FATs oder des Hauptverzeichnisses zerstört wurden. Sie laufen dann große Gefahr, Ihre
ganzen Daten auf der Diskette zu verlieren, wenn Sie nicht
unverzüglich mit dem COPY-Befehl alle Dateien auf eine
andere Diskette kopieren und die zerstörte Diskette wegwer-
fen. Hüten Sie sich davor, die Dateien mit DISKCOPY zu
kopieren, da DISKCOPY unter Umständen die Fehler mit auf
die neue Diskette kopiert.

[Laufwerk]: Angabe des Laufwerks.

```
dt
DT-Disk Test, Advanced Edition 4.50, (C) Copr 1987-88, Peter Norton

Select DISK test, FILE test, or BOTH
Press D, F, or B ... D

During the scan of the disk, you may press
BREAK (Control-C) to interrupt Disk Test

Test reading the entire disk C:, system area and data area
  The system area consists of boot, FAT, and directory
   No errors reading system area

  The data area consists of clusters numbered 2 - 10.486
    10.364th cluster read error: already marked as bad; no danger
    10.365th cluster read error: already marked as bad; no danger
    10.366th cluster read error: already marked as bad; no danger
    10.367th cluster read error: already marked as bad; no danger
    10.368th cluster read error: already marked as bad; no danger
```

```
DT-Disketten-Test, Advanced Edition 4.50

Auswahl DISKETTEN-Test (D), DATEI-Test (F) oder BEIDES (B)
Drücken Sie D, F, oder B ... D

Während des Prüfvorgangs der Diskette können Sie
BREAK (Control-C) drücken, um Disk Test zu unterbrechen.

Der Test liest die ganze Diskette C:, Systenbereich und Datenbereich
Der Systembeicht besteht aus Bootbereich, FAT, und Hauptverzeichnis
Keine Fehler beim Lesen des Systenbereich

Der Datenbreich besteht aus Clustern, numeriert von 2 - 10.406

10.364ter Cluster Lesefehler: bereits gesperrt; keine Gefahr

10.365ter Cluster Lesefehler: bereits gesperrt; keine Gefahr

10.366ter Cluster Lesefehler: bereits gesperrt; keine Gefahr

10.367ter Cluster Lesefehler: bereits gesperrt; keine Gefahr

10.368ter Cluster Lesefehler: bereits gesperrt; keine Gefahr
```

Bild 6-3 Festplatten-Test

[Verzeichnis]: Ab Version 4. Angabe des Verzeichnisses, dessen Dateien getestet werden sollen. Wird ein Verzeichnis oder
eine Datei angegeben und später einer der Schalter b, f oder d
aufgerufen, so wird zunächst der gewählte Parameter untersucht und anschließend werden die Dateien bzw. Verzeichnisse
getestet. Ist eine Verzeichnis- oder Dateiangabe bei dem
Befehlsaufruf vorhanden, so muß der Schalter /f für Dateitest
nicht eingegeben werden.

[Datei]: Ab Version 4. Die Datei, die getestet werden soll,
wird eingegeben. Bezüglich der Schalter b,f und d gilt die
gleiche Regelung wie bei *[Verzeichnis]*.

[Parameter]:

/b: Untersuchung aller Cluster UND aller Dateien (eng. both: beides). Wird keiner der Schalter b, f und d und kein Verzeichnis- oder Dateiname angegeben, so wird der Schalter mittels einer Abfrage bestimmt (s. Bild 6-3).

/cn: Der Cluster n wird manuell als fehlerhaft gekennzeichnet. Befindet sich auf diesem Cluster ein Programm, so erscheint die Warnung *"Cluster n is currently marked as used by a file"*. Dann folgt eine Sicherheitsabfrage. Der markierte Cluster wird nun für Speicherungen gesperrt, womit die "Bombe" entschärft wurde. Durch Anhängen eines Minuszeichens hinter die Clusternummer wird dieser Cluster wieder frei für Speicherungen.

/d: Alle Cluster werden untersucht.

/f: Alle Dateien (engl. files: Dateien) werden untersucht, auch die in den Unterverzeichnissen.

/log: Säubert die Ausgabe von Steuerzeichen, so daß ein Ausdruck oder das Speichern in einer Datei korrekt erfolgt. Mit dem Umleitungszeichen ">" wird die Ausgabe entweder auf einem Drucker (prn) oder auf einer Datei (Dateiname) vorgenommen.

/m: Ab Version 4. Wenn Teile einer Datei in fehlerhaften Bereichen gespeichert sind, fügt dieser Schalter die noch lesbaren Teile der Datei zusammen und speichert sie an einem sicheren Ort. Die kaputten Cluster werden markiert.

/s: Ab Version 4. Es werden auch die Verzeichnisse unterhalb des aktuellen oder angegebenen Verzeichnisses untersucht (engl. subdirectory: Unterverzeichnis). Dieser Parameter hat nur Bedeutung, wenn eine Datei- oder Verzeichnisdefinition angegeben wurde.

```
dt a: /b /m /log>datname:
In A werden alle Cluster und alle Dateien untersucht (/b), fehlerhafte
Dateien repariert (/m) und die Ausgabe in der Datei "datname" gespei-
chert (/log>datname).
```

```
dt \nu *.bat /s:
Alle Dateien im Verzeichnis nu und aller untergeordneten Verzeichnisse
(/s) mit der Namenserweiterung .bat werden untersucht.
```

dt /c100-:

Im aktuellen Laufwerk wird der Cluster 100 wieder zur Speicherung freigegeben (/c100-).

dt larry.txt /d:

Zuerst werden alle Cluster untersucht, anschließend die Datei "larry.txt".

FA - FILE ATTRIBUTE

Parameter ändern

Version 3, 4, 4.5

fa [Laufwerk] [Verzeichnis] [Datei] [Attribut + oder -] [Parameter] [>prn oder >Datei]

Jede Datei besitzt bestimmte Eigenschaften, die normalerweise unsichtbar für den Benutzer sind. Diese Eigenschaften - auch Attribute genannt - kann FA sichtbar machen oder verändern. Attribute sind:

Archiv-Dateien: Von diesen Dateien wurde in ihrem momentanen Zustand noch keine Kopie erstellt.

Versteckte Dateien: Diese Dateien sind normalerweise nicht im Verzeichnis sichtbar, können aber trotzdem aufgerufen werden. Die Attribute von versteckten Dateien können erst verändert werden, wenn diese wieder sichtbar gemacht wurden. Versteckte Dateien können nicht gelöscht werden.

Read-only-Dateien: Diese Dateien können nur gelesen, aber nicht geändert oder gelöscht werden. Bei diesem Parameter muß man auch vorsichtig sein; denn manche Programme modifizieren sich selbst und sind deshalb mit diesem gesetzten Attribut nicht lauffähig.

System-Dateien: Die System-Dateien sind versteckt und können nur gelesen werden. Ein Beispiel hierfür ist z. B. die Datei "IBMDOS.COM" bzw. "MSDOS.COM". Sie ist auf jeder formatierten Diskette enthalten, von der aus gebootet werden kann. Die Attribute dieser Dateien können erst verändert werden, wenn diese wieder sichtbar gemacht wurden.

```
Diskette/Platte in Laufwerk A hat keinen Kennsatz
Katalog von   A:\

STEFAN           30288    2.02.89   9.40
GRÜpT             6144   29.01.89  10.56
ALLE              7680   29.01.89  19.00
FREAKS           39424   26.02.89  16.29
DIE              22016    2.02.89   9.10
DIESES             512    2.02.89   8.43
BUCH             15360    2.02.89   9.05
ERSTANDE N       10944    2.02.89   9.44
HABEN            32768    2.02.89   9.46
          9 Datei(en)       90112 Bytes frei
```

Bild 6-4 Verzeichnis vor Anwendung von FA

```
FA-File Attributes, Advanced Edition 4.50, (C) Copr 1987-88, Peter Norton

A:\
    stefan          Archive
    grÜpt           Archive Read-only
    alle            Archive Read-only
    wissens-        Archive               Hidden
    durstige.n      Archive               Hidden
    freaks          Archive
    die             Archive
    mit             Archive                         System
    klarem          Archive Read-only               System
    verstand        Archive Read-only               System
    dieses          Archive Read-only
    grandios.e      Archive               Hidden
    buch            Archive
    inzwisch.en     Archive                         System
    erstande.n      Archive
    haben           Archive Read-only

    16 files shown
     0 files changed
```

Bild 6-5 Verzeichnis nach Anwendung von FA

[Laufwerk]: Das Laufwerk wird angegeben.

[Verzeichnis]: Das Verzeichnis wird angegeben.

[Datei]: Die Datei wird angegeben. Wird diese Option weggelassen, so bezieht sich FA auf alle Dateien des Verzeichnisses.

[Attribute]:

/a: Archiv-Datei (archive).

/hid: Versteckte Datei (hidden).

/r: Read-only Datei (read-only).

/sys: System File (system).

+ oder -: Die Attribute werden mit + gesetzt und mit - gelöscht. Ab Version 4 ist es möglich, sich die Dateien mit den entsprechenden Attributen nur anzeigen zu lassen und nichts zu verändern. In diesem Fall darf man kein + oder - angeben.

[Parameter]:

/clear: Ab Version 4. Alle Attribute werden gelöscht.

>Datei: Das Verzeichnis wird nicht auf dem Bildschirm ausgegeben, sondern in einer Datei gespeichert.

/p: Listet die Dateien seitenweise (engl. page: Seite) auf. Bei vollem Bildschirm wird die Liste solange gestoppt, bis eine Taste gedrückt wird. Mit der Leertaste kann man die Liste "von Hand" anhalten bzw. fortsetzen.

>prn: Das Verzeichnis wird nicht auf dem Bildschirm ausgegeben, sondern auf dem Drucker (Systemeinheit prn).

/s: Es werden auch die Verzeichnisse unterhalb des aktuellen oder angegebenen Verzeichnisses untersucht (engl. subdirectory: Unterverzeichnis).

/t: Es wird keine Dateiliste ausgegeben, sondern nur die Handlung (z. B. *"No files changed"*).

/u: Es werden nur Dateien berücksichigt, die mindestens ein Attribut besitzen.

```
fa a:\nu /s/p:
Liste aller Dateien im Verzeichnis nu und darunter (/s). Wenn der
Bildschirm voll ist, wird angehalten (/p). Im Gegensatz zum DOS-Befehl
DIR (s. Bild 6-4) werden auch die versteckten Dateien angezeigt (s.
Bild 6-5).
```

```
fa /hid:
Ab Version 4. Listet alle versteckten Dateien im aktuellen Verzeichnis
auf.
```

```
fa *.bat /hid+:
Versteckt alle Dateien mit dem Zusatz .bat im aktuellen Verzeichnis.
```

```
fa a:
trial.bas /hid-: Macht die Datei trial.bas wieder sichtbar.
```

```
fa /a /hid+:
Alle Archivdateien werden versteckt.
```

FD - FILE DATE

Parameter ändern

Version 4.5

fd [Laufwerk] [Verzeichnis] Datei [Parameter]

FD erlaubt es Ihnen, das Erstellungsdatum bzw. die Uhrzeit der Erstellung einzelner Dateien zu verändern. Dieses Datum bzw. diese Zeit entspricht bei Programmen, die viel verändert werden, dem Zeitpunkt der letzten Modifikation. Wird keiner der Parameter */d* bzw. */t* angegeben, so wird die Zeitangabe der Datei an das aktuelle Datum und an die aktuelle Zeit angepaßt.

[Laufwerk]: Das Laufwerk wird angegeben.

[Verzeichnis]: Das Verzeichnis wird angegeben.

Datei: Die Datei wird angegeben.

[Parameter:]

/Ddatum: Angabe des neuen Datums für die Datei. Wird kein Datum festgelegt, so wird das alte Datum gelöscht. Das Datum sollte im gleichen Format angegeben werden wie die Datumsabfrage in AUTOEXEC.BAT, also meistens dd.mm.yy (dd=Tag, mm=Monat, yy=Jahr).

/p: Wenn der Bildschirm voll ist, wird die Ausgabe solange gestoppt, bis eine Taste gedrückt wird. Durch Drücken einer beliebigen Taste kann man FD ebenfalls anhalten bzw. fortsetzen.

/s: Auch von den Dateien mit zutreffendem Dateinamen in den Unterverzeichnissen (engl. subdirectory: Unterverzeichnis) werden die Datums- bzw. Zeitangaben geändert.

/Tzeit: Angabe einer neuen Zeit für die Datei. Wird keine Zeit festgelegt, so wird die alte Zeit gelöscht. Die Zeit sollte im gleichen Format angegeben werden wie die Zeitabfrage in AUTOEXEC.BAT, also meistens hh:mm:ss (hh=Stunde, mm=Minute, ss=Sekunde).

```
fd a:\norton\Larry.txt /s/d30.05.89:
```

Das Erstellungsdatum der Datei "Larry.txt" im Verzeichnis "Norton" wird auf den 30. Mai 1989 festgelegt.

```
fd a:*.* /s:
```

Im Laufwerk A werden bei allen Dateien im aktuellen Verzeichnis und dessen Unterverzeichnissen die Datums- und Zeitangaben auf den aktuellen Stand gebracht.

FF - FILE FIND

Version 3, 4, 4.5
ff [Laufwerk] [Datei] [Parameter]

Hand aufs Herz: Wieviele Unterverzeichnisse haben Sie auf
Ihrer Festplatte? Und wissen Sie auch immer, welches Pro-
gramm sich in welchem Verzeichnis befindet? Für Fragen
dieser Art gibt es ein wirkungsvolles Hilfsmittel: FILE FIND.
Dieser Befehl zeigt Ihnen, in welchem Verzeichnis sich Ihre
Datei befindet und gibt alle dazugehörigen Informationen wie
Größe, Zeit und Datum der Erstellung (oder der letzten Ver-
änderung an der Datei) aus. FF untersucht ebenfalls versteckte
Dateien und Systemdateien. Auch wenn Sie keine Festplatte
besitzen, werden Sie FF bald liebgewonnen haben. Und wenn
Sie genug haben: <Esc> unterbricht die Ausführung.

[Laufwerk]: Hier wird das Laufwerk angegeben.

[Datei]: Die Datei wird angegeben. Es darf kein Pfadname
eingegeben werden, da FF diesen ja auffindig machen soll.
Wird keine Dateiangabe gemacht, so listet FF alle Dateien der
Diskette auf. Wird keine Dateinamenerweiterung (z. B. .EXE)
angegeben, dann sucht FF nach allen Dateien mit dem
Dateinamen, auch wenn sie unterschiedliche Namenserweite-
rungen besitzen.

[Parameter]:

/a: Dehnt die Suche auf alle angeschlossenen Laufwerke aus.
Laufwerke, in denen keine Diskette liegen, werden übergangen.

>Datei: Speichert die Lage der gesuchten Datei in einer Datei.

/p: Wenn der Bildschirm voll ist, wird die Ausgabe solange
gestoppt, bis eine Taste gedrückt wird. Mit der Leertaste kann
man sie "von Hand" anhalten bzw. fortsetzen.

>prn: Ausgabe auf Drucker (Systemeinheit prn).

/w: Wirkt wie DIR /W: Nur der Dateiname wird aufgelistet.
Die anderen Informationen wie Größe, Erstellungsdatum usw.
werden nicht mit angegeben.

ff Lotus.bat /a>testdat:

Die Datei Lotus.bat wird in allen Laufwerken gesucht (/a) und ihre Position in einer Datei gespeichert (>testdat).

ff a: /p:

Alle Dateien in Laufwerk A werden angezeigt. Bei vollem Bildschirm wird auf Tastendruck gewartet (/p).

FI - FILE INFO

Information

Version 4, 4.5

fi [Laufwerk] [Verzeichnis] [Datei Kommentar] [Parameter]

FILE INFO ist eine Alternative zu dem DOS-Befehl DIR. Und FI ist viel leistungsfähiger als DIR. Zusätzlich zu den gebräuchlichen Informationen von DIR (Name, Größe, Datum, Zeit) erlaubt FI einen bis zu 65 Zeichen langen Kommentar zu jeder Datei, der am Bildschirm angezeigt wird.

```
fi a: /e
FI-File Info, Advanced Edition 4.50, (C) Copr 1987-88, Peter Norton

  Directory: A:\
  File name: anatomy.bas
    Comment: Das Traumpaar 1989 ...
                          Press Esc to quit
```

Bild 6-6 Eingabe eines Kommentars

```
fi a:
FI-File Info, Advanced Edition 4.50, (C) Copr 1987-88, Peter Norton

  Directory of A:\

  copyrigh t         256    1.01.88   0.41  Kopier ja richtig, sonst...
  menu      bas    3.968    1.01.88   0.29  Was empfehlen Sie heute, Herr Ober ?
  menu3     bas   26.624    1.01.88   0.37  Uff, bin ich satt!
  golf      bas   13.312   29.07.82   0.18  Fahren Sie den auch?
  wildcat   bas   10.368   29.07.82   0.18  Ich werd gleich zum Raubtier
  anatomy   bas    8.192   15.07.82   0.00  Das Traumpaar 1989 ...
  palette   bas    2.816   30.07.82   0.00  Alles Paletti?
  fileinfo  fi       676    1.05.89  16.28

  8 files found      293.888 bytes free
```

Bild 6-7 Liste der Dateinamen mit Kommentar

[Laufwerk]: Das Laufwerk wird angegeben.

[Verzeichnis]: Angabe des Verzeichnisses, das ausgegeben werden soll.

[Datei Kommentar]: Angabe einer Datei und eines Kommentars, der max. 65 Zeichen umfassen darf. Der Kommentar darf nur in Verbindung mit dem Dateinamen gebraucht werden.

[Parameter]:

Kein Parameter: Das Verzeichnis mit dem Kommentar (die ersten 36 Zeichen desselben) wird ausgegeben. Nach Drücken irgendeiner beliebigen Taste wird die Liste angehalten. Nun können Sie sich die Liste entweder zeilenweise (Druck auf <RETURN>) oder seitenweise (Druck auf die Leertaste) ansehen, oder Sie können die Liste normal weiterlaufen lassen (Druck auf irgendeine beliebige sonstige Taste). <Esc> bzw. <F10> unterbricht die Auflistung der Dateien.

/c: Nur kommentierte Dateien werden aufgelistet.

/d: Entfernt die Kommentare nach einer Sicherheitsabfrage. In Verbindung mit einer Dateiangabe werden nur die Kommentare dieser Datei(en) gelöscht.

>Datei: Speichert das Inhaltsverzeichnis in einer Datei.

/e: Der Editor wird aufgerufen (s. Bild 6-6). Die Bildschirmmaske enthält den Dateinamen und das 65 Zeichen lange Eingabefeld. Die Eingabe eines Dateinamens wird mit <RETURN> abgeschlossen. Dann kann die nächste Datei mit einem Kommentar versehen werden. Wollen Sie einer Datei keinen Kommentar geben, können Sie diese Datei durch Druck auf <RETURN> überspringen. Abbruch mit <Esc> oder <F10>.

/l: Der Kommentar wird in seiner ganzen Länge ausgegeben. Allerdings wird zusätzlich nur noch der Dateiname angezeigt.

/n: Wenn Ihr Computer bei dem Aufruf des Editors Schwierigkeiten macht, wird die Bildschirmausgabe durch */n* vereinfacht. Um diesen Parameter verwenden zu können, muß allerdings die Zeile "DEVICE=\ANSI.SYS" in Ihrer CONFIG.SYS-Datei stehen.

/p: Wenn der Bildschirm voll ist, wird die Ausgabe solange angehalten, bis eine Taste gedrückt wird. Mit der Leertaste kann man die Liste "von Hand" stoppen bzw. fortsetzen.

/pack: FI speichert die Kommentare immer in der Datei FILEFIND.FI. Diese Datei wird im Laufe der Zeit, wie alle stark beanspruchten Dateien, immer fragmentierter. Sie können diese Fragmentierung mit dem Schalter */pack* rückgängig machen. Es sollte immer darauf geachtet werden, daß noch genügend Platz für FILEINFO auf der Diskette vorhanden ist, da FI auf dieser Diskette sonst nicht anwendbar ist. Beachten Sie bitte, daß Sie FILEINFO.FI weder editieren noch mit MERGE mit einer anderen FILEINFO.FI-Datei zusammenführen können.

>prn: Ausgabe auf Drucker.

/s: Ausgabe aller Verzeichnisse, die sich unterhalb des aktuellen oder angegebenen befinden (engl. subdirectory: Unterverzeichnis).

fi a: /s>prn:
Ausgabe des aktuellen und aller darunterliegenden Verzeichnisse (/s)
mit Kommentar auf dem Drucker (s. Bild 6-7).

fi lotus.bat Lotus 123:
Versieht die Datei lotus.bat mit dem Kommentar "Lotus 123".

fi a:\nu /e:
Der Editor wird aufgerufen (/e), um die Dateien des Verzeichnisses nu
zu kommentieren (s. Bild 6-6).

FR - FORMAT RECOVER

Rettung

Advanced Edition 4.0 ,4.5

Für Advanced Edition:
fr /SAVE
oder
Quellaufwerk fr [Ziellaufwerk]

Für Version 4.5:
fr [Laufwerk][/SAVE][/NOBAK]

Stellen Sie sich vor, Sie haben vor wenigen Augenblicken Ihre Festplatte versehentlich formatiert. Halt - legen Sie das Hanfseil weg - es gibt noch eine andere Möglichkeit. Peter Norton zaubert Ihnen die Dateien aus dem Hut wieder auf die Festplatte.

Advanced Edition der Version 4.0:

/save: Die Festplattenstruktur wird in der Datei FRECO-VER.DAT abgespeichert.

Quellaufwerk: Wenn Sie die Festplatte formatiert haben, müssen Sie von Diskette booten. Natürlich können Sie FR dann auch nicht von der Harddisc aufrufen. Also müssen Sie FR von Diskette starten. "Quellaufwerk" gibt somit das Laufwerk an, in dem sich die Norton-Programmdiskette befindet.

[Ziellaufwerk]: Angabe des zu rekonstruierenden Laufwerks.

Version 4.5:

[Laufwerk]: Angabe des Laufwerks, dessen Daten wiederhergestellt werden sollen bzw. dessen Struktur abgespeichert werden soll (bei Verwendung von FR mit */save*).

[/save]: Die Festplattenstruktur wird in der Datei FRECO-VER.DAT gespeichert.

[/nobak]: Unterdrückt die Speicherung der Festplatteninformationen

Eine Besonderheit von MS-DOS ist, daß beim Formatieren der Festplatte lediglich das Hauptverzeichnis und die FATs gelöscht werden und die anderen Daten unberührt bleiben. Diese Vorgehensweise hat zwei gewichtige Vorteile: Erstens geht das Formatieren, ohnehin schon sehr zeitaufwendig, auf diese Weise viel schneller vor sich, und zweitens ermöglicht diese Eigenschaft FR erst, die Daten wiederherzustellen. Würden nämlich alle Daten überschrieben, so wäre FRECO-VER.DAT genauso verloren wie alles andere und es wäre unmöglich, irgendwelche Daten zurückzuholen. Leider werden beim Formatieren von Disketten alle Daten gelöscht, so daß FR im Normalfall nicht auf Disketten anwendbar ist. Verwenden Sie allerdings den Befehl SAFE FORMAT der Norton

Utilities, welches ein schnelleres und flexibleres Formatieren erlaubt, ist auch dieses Problem behoben. Auch die DOS-Versionen einiger Computer-Hersteller überschreiben beim Formatieren die Festplatte ganz, so daß FR hier ebenfalls wirkungslos ist. Mir sind hier die MS-DOS-Versionen der Firmen AT&T und Compaq bekannt, deren neueste DOS-Versionen von dieser Vorgehensweise zum Glück aber Abstand genommen haben.

Es gibt zwei Möglichkeiten, die Dateien aus dem Jenseits zurückzubeordern.

Es sei zunächst die sicherste dargestellt. Sie setzt voraus, daß Sie mit FR bereits die Festplattenstruktur abgespeichert haben. FR erzeugt dann eine Datei mit dem Namen FRECOVER.DAT, auf der alle wichtigen Informationen zur Rekonstruktion der Festplatte enthalten sind. Mit Hilfe dieser Datei wird es FR möglich sein, Ihre Festplatte vollständig auf den Zustand vor dem Formatiervorgang zurückzuführen. FR markiert die Datei, so daß das Programm diese auch nach dem Formatieren auf der Festplatte wiederfindet. Sie sollten FRECOVER.DAT in regelmäßigen Abständen auf den neuesten Stand bringen, denn wenn Sie nach dem GAU (Größter Anzunehmender Unfall) keine aktuelle FRECOVER.DAT-Datei zur Verfügung haben, wird auch die Restauration nicht fehlerfrei vonstatten gehen. Peter Norton empfiehlt, FR von Ihrer AUTOEXEC.BAT-Datei aufzurufen, denn nur so können Sie sichergehen, daß Sie die aktuellste FRECOVER.DAT-Datei zur Verfügung haben. Die Befehle QUICK UNERASE (QU, Dateien wiederherstellen) und UNREMOVE DIRECTORY (UD, Verzeichnisse wiederherstellen) machen von FRECOVER.DAT ebenfalls Gebrauch, was ihre Zuverlässigkeit weiter erhöht.

Beachten Sie bitte auch, daß die FRECOVER.DAT-Dateien unterschiedlicher Versionen (z.B der Versionen 4.0 und 4.5) nicht zueinander kompatibel sind und Sie deshalb immer die Version der Norton Utilities verwenden müssen, die zu der entsprechenden FRECOVER.DAT-Datei gehört.

Nach dem Formatieren können Sie Ihren Rechner nur von Diskette booten, da AUTOEXEC.BAT auf der Festplatte nicht mehr zur Verfügung steht. FR müssen Sie ebenfalls von Diskette aufrufen. Natürlich müssen Sie FR ohne /save oder /nobak aufrufen.

Nach dem Aufruf erscheint ein Menü. Wählen Sie mit <Cursor hoch> und <Cursor runter> den Menüpunkt RESTORE DISK INFORMATION aus und bestätigen Sie mit <RETURN>. Sie können diesen Menüpunkt auch aufrufen, indem Sie die Taste "R" drücken. Nach einer Sicherheitsabfrage verrichtet FR seine Arbeit. Wenn sich auf Ihrer Festplatte eine FRECOVER.DAT- und eine FRECOVER.BAK-Datei befinden, fragt FR zur Sicherheit, welche Datei verwendet werden soll. Falls Sie nämlich nach dem Formatieren versehentlich noch einmal FR /save gestartet haben, befinden sich in FRECOVER.DAT die Informationen, wie die Festplatte nach dem Formatieren aussieht und nicht, wie sie vorher aussah. Nach der Restauration sollten Sie NDD (NORTON DISK DOCTOR - testet den Datenträger auf Herz und Nieren) aufrufen, um eventuell noch vorhandene Fehler auszumerzen.

In älteren Versionen der Advanced Edition 4.0 kann es vorkommen, daß dieses Menü nicht erscheint, sondern lediglich eine Sicherheitsabfrage, die sich noch einmal vergewissern will, daß Sie sich Ihrer Sache sicher sind. Bei diesen Versionen war es noch nicht vorgesehen, die Festplatte auch ohne FRE-COVER.DAT zu restaurieren, so daß das Menü entfallen konnte.

Im folgenden ist die zweite Möglichkeit dargestellt, wie Sie Dateien aus dem Jenseits zurückbeordern können. Hierzu muß sich FRECOVER.DAT nicht auf der Diskette befinden. Weiterhin müssen Sie umfangreiche Einschränkungen hinnehmen. Zum ersten werden die Verzeichnisse direkt unterhalb des Hauptverzeichnisses mit mechanisch vergebenen Namen (z. B DIR0000, DIR0001 usw.) bedacht, da die wahren Namen ja gelöscht wurden. *Zum anderen sind alle Dateien des Hauptverzeichnisses unwiederbringlich verloren!*

Rufen Sie FR wieder ohne /save und /nobak auf. Wählen Sie dieses Mal aber den Menüpunkt UNFORMAT DISK aus. Wenn Sie dazu aufgefordert werden, eine MS-DOS-Systemdiskette einzulegen, kommen Sie dieser Aufforderung nach. Denn wenn sich die Systemdateien im Hauptverzeichnis befanden, wird FR diese wieder dorthin kopieren. Rufen Sie auch jetzt wieder NDD auf, um eventuell vorhandenen Fehlern den Garaus zu machen.

Der dritte Menüpunkt SAVE DISK INFORMATION entspricht dem Aufruf von FR mit /save. Mit Hilfe des vierten Punktes wird FR verlassen.

fr c:/save:

Von Laufwerk C wird die Struktur abgespeichert (/save).

fr:

Das Menü von FR wird aufgerufen. Nun steht einer Rettungsaktion Ihrer Festplatte nichts mehr entgegen.

FS - FILE SIZE

Information

Version 3, 4, 4.5

fs [Laufwerk] [Verzeichnis] [Datei] [Ziellaufwerk] [Parameter]

Eine Datei belegt auf der Diskette in den meisten Fällen mehr Bytes, als ihre eigentliche Größe vermuten läßt. Dateien werden immer in Clustern gespeichert. Auch eine Datei der Größe 1 Byte belegt einen ganzen Cluster - das sind z. B. bei einer 360 kB-Diskette 1024 Bytes. Bei Festplatten sind es deutlich mehr Bytes. FILE SIZE zeigt Ihnen den tatsächlich belegten Speicherplatz an und berechnet die Differenz (Slack) zu dem von DIR angegebenen Wert in Prozent. FS kann Ihnen auch mitteilen, ob eine Datei auf eine andere Diskette paßt.

```
fs a:
FS-File Size, Advanced Edition 4.50, (C) Copr 1987-88, Peter Norton

  A:\
    copyrigh.t          256 bytes
    menu.bas          3.968 bytes
    menu3.bas        26.624 bytes
    golf.bas         13.312 bytes
    wildcat.bas      18.368 bytes
    anatomy.bas       8.192 bytes
    palette.bas       2.816 bytes
    fileinfo.fi         676 bytes

       66.212 total bytes in 8 files
       68.608 bytes disk space occupied, 3% slack

  Drive usage
       362.496 bytes available on drive A:
       293.888 bytes unused on drive A:, 81% unused
```

```
        fs a:
        FS-Dateigröße, Advanced Edition 4.50

        A:\
            copyrigh.t              256 bytes
            menu.bas              3.968 bytes
            menu3.bas            26.624 bytes
            golf.bas             13.312 bytes
            wildcat.bas          10.368 bytes
            anatomy.bas           8.192 bytes
            palette.bas           2.816 bytes
            fileinfo.fi             676 bytes

        66.212 Bytes insgesamt in 8 Dateien
        68.608 Bytes der Diskettenkapazität werden benützt, 3% Überschuß

     Laufwerksbelegung
              362.496 Bytes verfügbar im Laufwerk A:
              293.888 Bytes nicht benutzt im Laufwerk A:, 81% unbenutzt
```

Bild 6-8 Liste der Dateien mit wahrer Größe

[Laufwerk]: Das Laufwerk wird angegeben.

[Verzeichnis]: Das Verzeichnis wird angegeben.

[Datei]: Die Datei wird angegeben.

[Ziellaufwerk]: Es wird geprüft, ob auf der Diskette im Ziellaufwerk genügend Platz für die angegebene Datei (Angabe des Namens erforderlich), für alle Dateien eines Verzeichnisses (Angabe des Verzeichnisses) oder für alle Dateien der Quelldiskette (Angabe des Laufwerks) vorhanden ist.

[Parameter]:

>Datei: Die Ausgabe wird in einer Datei gespeichert.

/p: Wenn der Bildschirm voll ist, wird die Ausgabe solange angehalten, bis eine Taste gedrückt wird. Kann auch "von Hand" mit der Leertaste vorgenommen werden.

>prn: Die Ausgabe wird ausgedruckt.

/s: Auch die Unterverzeichnisse werden bearbeitet (engl. sub-directory: Unterverzeichnis).

110

/t: Nur die Summe aller Dateigrößen, Slack (s. Kapitel 1.3: zentrale Begriffe) , verfügbarer Speicherplatz und der benötigte Speicherplatz werden angegeben.

fs a:

Angabe aller Dateien mit Größe, tatsächlich benötigtem Speicherplatz, Slack, verfügbarem Speicherplatz und freiem Platz im aktuellen Verzeichnis (s. Bild 9).

fs a:\nu c: :

Passen alle Files des Verzeichnisses nu auf Laufwerk C:?

LD - LIST DIRECTORY

Information

Version 3, 4, 4.5

ld [Laufwerk] [Verzeichnis] [Parameter]

LIST DIRECTORY gibt Ihnen entweder eine Verzeichnisliste, eine Übersicht über die Verzeichnisse und ihre Größe, oder es zeigt Ihnen die Verzeichnisstruktur Ihrer Diskette/Festplatte grafisch an.

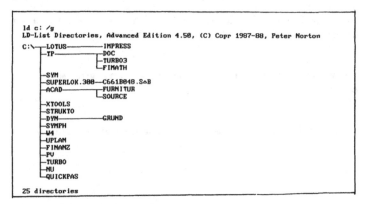

Bild 6-9 Verzeichnisbaum

[Laufwerk]: Das Laufwerk wird angegeben.

[Verzeichnis]: Wird ein Verzeichnis angegeben, so werden nur die direkt untergeordneten Verzeichnisse beachtet.

111

[Parameter]:

/a: Dehnt die Suche auf alle angeschlossenen Laufwerke aus. Laufwerke, in denen keine Disketten liegen, werden übergangen.

>Datei: Die Ausgabe wird in einer Datei gespeichert.

/g: Ab Version 4. Grafisches Schaubild des Verzeichnisbaumes (s. Bild 6-9).

/n: Wenn es an der Kompabilität hapert, kann das Schaubild auch auf solchen Computern gezeigt werden. An */g* muß dann der Schalter */n* angehängt werden.

/p: Wenn der Bildschirm voll ist, wird die Ausgabe solange angehalten, bis eine Taste gedrückt wird. Kann auch "von Hand" mit der Leertaste durchgeführt werden.

>prn: Druckt die Verzeichnisliste oder die Verzeichnisstruktur aus.

/t: Auch die Anzahl und Größe der Dateien jedes einzelnen Verzeichnisses wird angegeben.

/w: Nur Version 3. Wie der DOS-Befehl DIR /W nutzt auch dieser Parameter die Bildschirmbreite voll aus.

```
ld c: /t>prn:
Die Verzeichnisliste mit Zusatzinformationen (/t) wird ausgedruckt
(>prn).

ld /g:
Die Verzeichnistruktur wird grafisch ausgewertet (/g) (s. Bild 6-9).
```

LP - LINE PRINT

Parameter ändern

Version 3, 4, 4.5

lp [Laufwerk] Datei [Ziel] [Parameter]

Sicher möchten Sie manchmal Textdateien formatiert ausdrucken und haben gerade kein Textverarbeitungsprogramm zur Hand, oder Sie bevorzugen die unkomplizierte Handhabung des Befehls LP.

[Laufwerk]: Das Laufwerk muß angegeben werden.

Datei: Der Name der Textdatei, die ausgedruckt werden soll, wird angegeben. Es kann durch Benutzung der Wildcards * und ? mehr als eine Datei auf einmal angewählt werden (* bewirkt, daß die Zeichen nach dem Stern bei der Dateibestimmung nicht beachtet werden. Anstelle des ? kann jedes beliebige Zeichen eingesetzt werden.).

[Ziel]: Die formatierte Textdatei kann entweder ausgedruckt, in einer Datei abgespeichert oder über eine Schnittstelle (z. B. LPT2: oder COM1:) ausgegeben werden. Die formatierte Textdatei wird in der Zieldatei abgespeichert bzw. über die genannte Schnittstelle ausgegeben. Die Zieldatei kann dann später ausgedruckt werden. Wird auf die Zieldateiangabe oder die Angabe einer Schnittstelle verzichtet, so wird die Textdatei ausgedruckt. Die Dateiangabe darf keine Wildcards (* oder ?) enthalten.

[Parameter]:

/80 oder 132: Anzahl der Zeichen pro Druckzeile. Vordefiniert: 80 Zeichen/Zeile.

/bn: Definiert den Abstand von der letzten gedruckten Zeile zum unteren Blattrand (engl. bottom margin= unterer Rand). N entspricht der Anzahl der Zeilen. Vordefiniert: 5 Zeilen.

/ebcdic: Dateien, die im EBCDIC-Code, der besonders bei Großrechnern Verwendung findet, vorliegen, werden richtig ausgedruckt.

/eur: Nur für Version 3. Der erweiterte Zeichensatz (Zeichen über dem ASCII-Code 127) wird verwendet. Ist notwendig, um die deutschen Sonderzeichen ausdrucken zu können.

113

/ext: Ab Version 4. Siehe */eur.*

/hn: Definiert die Papierlänge (engl. height of paper: Papierlänge) in Druckzeilen. N entspricht der Anzahl der Zeilen. Vordefiniert: 66 Zeilen. Bei uns üblich: 72 Zeilen.

/headern: Das Aussehen der Kopfzeile wird bestimmt.
>　*/header0:* Keine Kopfzeile.
>　*/header1:* Kopfzeile enthält Dateiname, Datum und die Anzahl der Seiten.
>　*/header2:* Kopfzeile enthält Dateiname, Datum Seitenanzahl, Uhrzeit der Entstehung des Textes.

/ln: Legt die Breite des linken Randes (engl. left margin: linker Rand) fest. N entspricht der Anzahl der Leerstellen vor dem ersten Zeichen.
Vordefiniert: 5 Leerzeichen.

/n: Alle Zeilen werden numeriert. Vordefiniert: keine Numerierung.

/noh: Nur in Version 3. Die Kopfzeile (enthält Dateiname, Datum und Seitenanzahl) wird beim Ausdruck weggelassen.

/pn: Die Seiten werden numeriert (engl. page number: Seitennumerierung). N entspricht der Nummer der ersten Seite. Vordefiniert: 1.

/rn: Gibt die Breite des rechten Randes (engl. right margin: rechter Rand) an. N entspricht der Anzahl der Leerstellen nach dem letzten Zeichen. Vordefiniert: 5 Leerzeichen.

/sn: Definiert den Zeilenabstand. N entspricht der Anzahl der Leerzeilen. Vordefiniert: keine Leerzeile.

/set:Datei: Das Format der Ausgabe wird von einer Datei geregelt, die aus den Steuerzeichen Ihres Druckers (Setup String) aufgebaut sein muß. Die Datei muß dabei folgendes Format haben:

\nnn: Der Code muß aus drei Dezimalstellen bestehen. Ist der Code nur zweistellig, so ist dem Code eine 0 vor den eigentlichen Code voranzustellen (\027 ist beispielsweise bei EPSON-kompatiblen Druckern das Steuerzeichen für Esc. Weitere Codes können dem Druckerhandbuch entnommen werden). Die einzelnen Codes können entweder direkt hintereinander angegeben werden, oder sie können auch durch <RETURN> voneinander abgegrenzt werden. Bis auf die Möglichkeit der Abgrenzung, die neu ist, sind die Setup-Strings von LP kompatibel zu den Setup-String-Dateien von Lotus 1-2-3.

/tn: Legt den Abstand des oberen Blattrandes (engl. top margin: oberer Rand) zur ersten gedruckten Zeile fest. N entspricht der Anzahl der Leerzeilen. Vordefiniert: 3 Leerzeilen.

/ws: Ab Version 4.5. Druckt Wordstar-Dateien oder Dateien von Textprogrammen, die das achte Bit des ASCII-Codes für ihre eigenen Zwecke benutzen, korrekt aus, indem das achte Bit einfach weggelassen wird. Leider können so auch keine deutschen Sonderzeichen gedruckt werden.

/wn: Gibt die Zeilenlänge (engl. line width: Zeilenlänge) an. N entspricht der Zahl der Zeichen. Voreingestellt: 85. In Deutschland üblich: 80 Zeichen.

```
lp druck /ext/s1/p1:
```
Die Datei "druck" wird mit den deutschen Sonderzeichen (/ext), Seitennumerierung (/p1) und einem Zeilenabstand von einer Leerzeile (/p1) gedruckt.

```
lp print.txt /set:opt.dat:
```
Die Datei print.txt wird nach der Vorlage der Datei opt.dat gedruckt (/set:opt.dat).
opt.dat: Diese Datei enthält die Aufforderung,
\027\071 alles fett auszudrucken (nur für EPSON-kompatible Drucker).

NCD - NORTON CHANGE DIRECTORY
Verzeichnis wechseln
Version 4, 4.5

ncd [Laufwerk] [Verzeichnisname] [Parameter]
oder
ncd [rd oder md] Verzeichnis

Die Programmierer haben MS-DOS die Möglichkeit gegeben, das Verzeichnis zu wechseln. Allerdings geht das recht umständlich vor sich, denn man kann nur in ein direkt untergeordnetes oder in das übergeordnete Verzeichnis mit dem Befehl MS-DOS-Befehl CD (CHANGE DIRECTORY) wechseln. Es kann deshalb sehr langwierig sein, wenn man von einem Ende des Verzeichnisbaumes zum anderen wechseln will. NCD ermöglicht das Wechseln von einem Verzeichnis zu einem anderen mit einem einzigen Befehl - ganz gleich, wie weit die zwei Verzeichnisse voneinander entfernt sind. Der Befehl erreicht dies, indem er die Verzeichnisstruktur in der Datei TREEINFO.NCD abspeichert und bei jedem Aufruf des Befehls einliest. Sie sollten immer darauf achten, daß noch genügend Platz (ca. 1 kB) für diese Datei auf der Diskette vorhanden ist.

[Laufwerk]: Das Laufwerk wird angegeben.

[Verzeichnisname]: Das Verzeichnis wird angegeben. Der Pfad muß nicht angegeben werden, da er in TREEINFO.NCD gespeichert ist. Es genügt, nur Teile des Verzeichnisnamens einzugeben. In diesem Falle wird in das erste Verzeichnis gewechselt, auf das die Aussage zutrifft. Wenn kein Verzeichnis angegeben wird, wird der Editor aufgerufen. Dieser wird später erklärt.

Verzeichnisname: Bei Anwendung von NCD RD bzw. NCD MD muß der Pfadname des neuen Verzeichnisses, ausgehend vom aktuellen Verzeichnis angegeben werden. Die beiden Befehle arbeiten wie RD (Verzeichnis löschen) bzw. MD (Verzeichnis einrichten) unter MS-DOS. Sie haben aber den Vorteil, daß sie TREEINFO.NCD aktualisieren. Man kann die neuen Verzeichnisse natürlich auch mit den entsprechenden DOS-Befehlen löschen bzw. einrichten, doch dann weiß NCD nichts von deren Existenz, und Sie können aus diesem Grunde mit NCD nicht in die neu erstellten Verzeichnisse wechseln.

[Parameter]:

/bn: Nur Version 4. Die Hintergrundfarbe wird festgelegt (Werte von 1 bis 15). Dieser Parameter kann nur von Farbbildschirmen genutzt werden.

/bw: Diese Angabe ist wichtig für Monochrommonitorbesitzer mit einer Farbgrafikkarte, um ein lesbares Bild zu erhalten.

/d: Hiermit wird der Bildschirmtreiber ausgewählt:
  /d0: normaler Bildschirmtreiber für IBM-Kompatible (voreingestellt).
  /d1: Treiber für Rechner, die nur BIOS-kompatibel zum IBM PC sind.
  /d2: Für "Härtefälle" in der Kompatibilität. Um den Parameter /d2 anwenden zu können, muß aber die Zeile "DEVICE=\ANSI.SYS" in CONFIG.SYS eingebunden sein.

/fn: Nur für Version 4. Definition der Vordergrundfarbe (Werte von 1 bis 15). Kann nur von Farbbildschirmen genutzt werden.

/n: Manchmal kann es erforderlich sein, die Datei TREEINFO.NCD nicht auf der Diskette abspeichern zu müssen. Dies ist zum Beispiel bei schreibgeschützten Disketten der Fall. Der Schalter /n verhindert, daß die Datei auf dem Datenträger gesichert wird. Man kann dann nur mit Hilfe des Editors in ein anderes Verzeichnis wechseln. Bei älteren Ausgaben der Version 4 ist dieser Parameter nicht vorhanden.

/r: Aktualisiert TREEINFO.NCD. Die Datei nimmt keine Notiz von neu gebildeten oder inzwischen gelöschten Dateien; sie hat nur den Zustand beim ersten Aufruf von NCD gespeichert. Es kann deshalb erforderlich sein, die Datei auf den neuesten Stand zu bringen.

/tv: Nur Version 4. Macht die Arbeit mit diesem Befehl unter Topview und Microsoft Windows möglich.

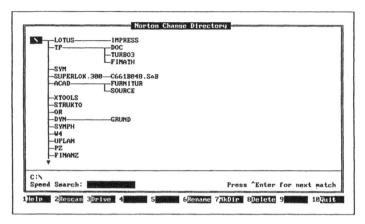

Bild 6-10 Verzeichnisbaum von NCD

Wird beim Aufruf von NCD kein Verzeichnis oder Parameter angegeben, so wird ein Editor aufgerufen, mit dessen Hilfe man auch das Verzeichnis wechseln kann (s. Bild 6-10). Im Verzeichnisschaubild kann man sich mit Hilfe der Cursortasten fortbewegen. Das gerade angewählte Verzeichnis wird invers dargestellt. Mit <RETURN> wechselt man in das angewählte Verzeichnis. Mit <Home> wählt man das Hauptverzeichnis an. Mit <End> kommt man zum letzten Verzeichnis. <PgDn> bzw. <PgUp> rollen den Bildschirm nach oben bzw. nach unten. Nach Druck der Buchstabentaste "M" wird ein Verzeichnis unterhalb des angewählten eingerichtet. Sie können dann in den grauen Kasten den Namen des Verzeichnisses eingeben. Übersteigt die Anzahl der Unterverzeichnisse die Bildschirmbreite, wird der Bildschirm nach rechts verschoben."R" löscht das angewählte Verzeichnis, das keine Unterverzeichnisse besitzen darf und leer sein muß. Wird "O" eingegeben, so findet man den Cursor bei dem Verzeichnis, von dem aus NCD aktiviert wurde. Dieses Verzeichnis ist durch helle Schrift hervorgehoben.

Bei Version 4.5 besteht zusätzlich noch die Möglichkeit, durch Angabe eines Anfangsbuchstabens das Verzeichnis zu wechseln. NCD geht dann alle Verzeichnisse mit diesem Anfangsbuchstaben der Reihe nach durch, bis das gewünschte gefunden ist.

Bei Version 4.5 wurden auf die Funktionstasten folgende zusätzliche Befehle gelegt.

<F1>: Gibt Hilfen zu NCD.

<F2>: Aktualisiert TREEINFO.NCD; wirkt wie der Parameter */r.*

<F3>: Wechselt das Laufwerk. Wählen Sie das gewünschte Laufwerk mit den Cursortasten aus, und bestätigen Sie Ihre Wahl mit <RETURN>. <Esc> läßt alles beim Alten und verläßt diesen Menüpunkt.

<F6>: Ändert den Namen eines Verzeichnisses. Wählen Sie dazu das Verzeichnis, dessen Name geändert werden soll, aus, drücken Sie <F6> und geben Sie den neuen Namen ein.

<F7>: Legt ein neues Verzeichnis unterhalb des aktuellen an. Wählen Sie das übergeordnete Verzeichnis aus, drücken Sie die Taste <F7> und geben Sie den Namen des neuen Verzeichnisses an.

<F8>: Entfernt ein Verzeichnis. Wählen Sie das zu löschende Verzeichnis an, und drücken Sie die Taste <F8>. Hinweis: Das Verzeichnis darf vor dem Löschen keine Dateien mehr enthalten.

<F9>: Wechselt den Bildschirmmodus. Wählen Sie mit der linken und der rechten Pfeiltaste die gewünschte Anzahl der Zeilen aus und führen Sie die Modusänderung mit <RETURN> durch. <ESC> verläßt diesen Menüpunkt, ohne Änderungen vorzunehmen. Diese Funktion kann nur von Rechnern mit EGA- oder VGA-Karte genutzt werden.

<F10>: Verläßt NCD, ohne das Verzeichnis zu wechseln. Dieses Ereignis kann auch mit <Esc> erreicht werden.

ncd a:
Der Editor wird aufgerufen und die Diskette in Laufwerk A gelesen (s. Bild 6-10).

ncd no /r:
Es wird ins Verzeichnis "no" gewechselt, und TREEINFO.NCD wird aktualisiert (/r).

ncd md \text\word:
Das Verzeichnis \text\word wird erstellt und TREEINFO.NCD wird darüber informiert.

119

QU – QUICK UNERASE

Rettung

Version 3, 4, 4.5

qu [Laufwerk] [Verzeichnis] [Datei] [Parameter]

Der wohl populärste Befehl der Norton Utilities ist QU. Dieser
Befehl ermöglicht es, versehentlich gelöschte Dateien wiederherzustellen. Der erste Buchstabe des Dateinamens geht, wie
Sie wissen, beim Löschen verloren und muß dann neu eingegeben werden. Wenn Programme gelöscht wurden, die von
einem Hauptprogramm nachgeladen werden, ist darauf zu
achten, daß der richtige Anfangsbuchstabe angegeben wird, da
sonst das Hauptprogramm das wiederhergestellte Programm
nicht finden kann.

```
qu a:
QU-Quick UnErase, Advanced Edition 4.50, (C) Copr 1987-88, Peter Norton

Directory of A:\
    Erased file specification: *.*
    Number of erased files: 5
    Number that can be Quick-UnErased: 5

    Erased files lose the first character of their names.
    After selecting each file to Quick-UnErase, you will be
    asked to supply the missing character.

    ?ileinfo.fi        676 bytes     16.35  Mon  1 May 89
'fileinfo.fi' Quick-UnErased

    ?heck.bas        3.840 bytes      8.00  Fri 30 Jul 82
'check.bas' Quick-UnErased

    ?natomy.bas      8.192 bytes      0.00  Thu 15 Jul 82
'anatomy.bas' Quick-UnErased

    ?ildcat.bas     10.368 bytes      0.18  Thu 29 Jul 82
Quick-UnErase this file (Y/N) ?
```

120

```
qu a:
QU-Quick Unerase, Advanced Edition

Verzeichnis von A:\
    Name der gelöschten Datei: *.*
    Anzahl gelöschter Dateien: 5
    Anzahl der wiederherstellbaren Dateien: 5

    Gelöschte Dateien verlieren das erste Zeichen ihres Namens.
    Nachdem die wiederherzusellende Datei ausgesucht wurde, werden
    Sie aufgefordert, das fehlende Zeichen einzugeben.

    ?ileinfo.fi        676 Bytes    16.35  Mon  1 May 89
   'fileinfo.fi' wiederhergestellt

    ?heck.bas        3.840 Bytes     0.00  Fri 30 Jul 82
   'check.bas' wiederhergestellt

    ?natomy.bas      8.192 Bytes     0.00  Thu 15 Jul 82
   'anatomy.bas' wiederhergestellt

    ?ildcat.bas     10.368 Bytes     0.18  Thu 29 Jul 82
   Wiederherstellen dieser Datei (Y/N) ?
```

Bild 6-11 Wiederherstellung gelöschter Dateien

Wird kein Dateiname eingegeben, so untersucht QU das aktuelle bzw. das angegebene Verzeichnis nach gelöschten Dateien
und gibt die Anzahl der restaurierbaren Dateien an (s. Bild 6-
11). Es kann aber sein, daß nicht alle der angegebenen Dateien
wiederhergestellt werden können, da jede restaurierte Datei
eventuell in seltenen Fällen einzelne Cluster von Dateien, die
ebenfalls wiederhergestellt werden sollen, überschreibt.
Anschließend werden die gelöschten Dateien aufgelistet und
bei jeder Datei wird gefragt, ob sie gerettet werden soll. Nach
der Abfrage muß der erste Buchstabe der Datei eingegeben
werden. Wenn ein Dateiname angegeben wurde, wird nur diese
Datei rekonstruiert, es sei denn, es gibt mehrere Dateien, die
ab dem zweiten Buchstaben identisch sind. In diesem Fall geht
QU wie oben beschrieben vor. Dateien, die mit dem NU-
Befehl WIPEFILE, der weiter unten beschrieben wird, gelöscht
wurden, sind unwiederbringbar verloren, da WIPEFILE die
Datei nicht nur aus der FAT löscht, sondern auch überschreibt. Sollte es QU nicht gelingen, Ihre Datei korrekt zu
restaurieren (was Sie immer sofort überprüfen sollten!), so
löschen Sie diese Datei am besten wieder und versuchen Ihr

Glück mit dem mächtigeren aber auch umständlicheren Menüpunkt UNERASE im Hauptprogramm NU.

[Laufwerk]: Das Laufwerk wird angegeben.

[Verzeichnis]: Das Verzeichnsi wird angegeben.

[Datei]: Angabe der Datei, die gerettet werden soll.

[Parameter]:

/a: QU rettet die Dateien automatisch. Der erste Buchstabe
wird durch den Buchstaben A ersetzt. Gibt es Dateien, die ab
dem zweiten Buchstaben identisch sind, wird der Buchstabe B
bei der zweiten Datei eingesetzt, und so werden notfalls das
ganze Alphabet und die Ziffern 0 bis 9 verwendet.

```
qu \norton:
Das Verzeichnis Norton wird auf gelöschte Dateien hin untersucht. Die
entsprechenden Dateien werden menügesteuert restauriert.
```

```
qu a:text.txt:
Die Datei "text.txt" wird gerettet.
```

```
qu *.* /a:
Alle gelöschten Dateien werden automatisch (/a) wiederhergestellt.
```

SI - SYSTEM INFORMATION

Information

Version 3, 4, 4.5

si [Laufwerk] [Parameter]

SI liefert Informationen zu Ihrem Computersystem, darunter
den legendären *"Norton-Faktor"*, der die Geschwindigkeit eines
Rechners relativ zum IBM-XT angibt. Man kann ab Version 4
auch die Geschwindigkeit der eigenen Festplatte relativ zur
Festplatte des IBM XT berechnen. Da sich die eigentliche
Geschwindigkeit eines Computersystems aus der Prozessorge-
schwindigkeit und aus der Geschwindigkeit der Festplatte
zusammensetzt, wird auch über die Gesamtleistung durch den
"Performance Index" informiert.

```
Performance Index (PI), relative to IBM/XT: 5.2


si c:
SI-System Information, Advanced Edition 4.50, (C) Copr 1987-88, Peter Norton

        Computer Name: IBM AT
      Operating System: DOS 3.10
     Built-in BIOS dated: Thursday, 14 August 1986
       Main Processor: Intel 80286              Serial Ports: 2
         Co-Processor: Intel 80287            Parallel Ports: 1
  Video Display Adapter: Monochrome (MDA)
      Current Video Mode: Text, 80 x 25 Monochrome
  Available Disk Drives: 3; A: - C:

DOS reports 640 K-bytes of memory:
      60 K-bytes used by DOS and resident programs
     580 K-bytes available for application programs
A search for active memory finds:
      640 K-bytes main memory    (at hex 00000-0A000)
       32 K-bytes display memory  (at hex 0B000-0B800)
      384 K-bytes extended memory (at hex 10000-16000)

  Computing Index (CI), relative to IBM/XT: 6.7
       Disk Index (DI), relative to IBM/XT: 2.4

Performance Index (PI), relative to IBM/XT: 5.2

C:\NU
```

```
              Computer-Name:  IBM/PC-AT
             Betriebssystem:  DOS 3.10
   Einbaudatum des BIOS:  Donnerstag, 14. August 1986
            Hauptprozessor:  Intel 80286  Serielle Schnittstellen:2
             Co-Prozessor:  Intel 80287 Parallele Schnittstellen:1
              Grafikkarte:  Monochrom (=Hercules)
     Augenbl. Grafikmodus:  Text, 80x25 Zeilen monochrom
      Verfügbare Laufwerke:  3: A-C


DOS verfügt über 640 kB Speicher:
60 kB werden von DOS und speicherresidenten Programmen genutzt.
580 kB für Anwendungsprogramme verfügbar.
Speichertest ergibt:
640 kB Hauptspeicher        (von hex 00000 bis 0A000)
 64 kB Bildschirmspeicher    (von hex 0B000 bis 0C000)
384 kB erweiterter Speicher  (von hex 10000 bis 16000)


   Computer-Geschwindigkeit relativ zum IBM/XT: 6.7
 Festplatten-Geschwindigkeit relativ zum IBM/XT: 2.4

          Gesamtleistung relativ zum IBM/XT: 5.2
```

Bild 6-12 Information zur Hardware

[Laufwerk]: Ab Version 4. SI untersucht die Geschwindigkeit
der Festplatte und gibt den Performance Index an. Es können
nur Festplattenlaufwerke, keine Diskettenlaufwerke getestet
werden!

[Parameter]:

/a: *Ab Version 4.5.* Manche Computer melden bei der Ausführung von SI eine *"Invalid error"*-Fehlermeldung. Bei diesen Computern muß der Schalter */a* gesetzt werden.

>Datei: Die Ausgabe wird in einer Datei gespeichert.

>prn: Ausgabe auf Drucker.

/n: Der Speichertest (s. Bild 6-12 von *"A search for..."* bis *"Computing Index"*) wird verhindert, da einige Computer sich hierbei verabschieden.

```
si c:
Das System wird unter Berücksichtigung der Festplatte untersucht.
```

TM - TIME MARK

DOS-Erweiterung

Version 3,4,4.5

tm [start oder stop] [Bemerkung] [Parameter]

TM ermöglicht Zeitmessungen in Batchdateien, indem der Befehl vier voneinander unabhängige Stoppuhren simuliert. Mit diesen können Sie alle möglichen Vorgänge im Computer zeitlich messen - z. B. wieviel Zeit das Anlegen einer Sicherheitskopie beansprucht. Die Uhren von TM sind die gleichen wie die Uhren des Befehls NCC.

[start oder stop]: Startet bzw. stoppt die Stoppuhr. Bei beiden Befehlen wird auch das Datum und die Uhrzeit angezeigt. Natürlich wird nur bei *Stop* die abgenommene Zeit angegeben. *Stop* hält die Stopuhr nicht an, sondern informiert nur über die aktuelle Zeit seit *Start.* Die Uhr läuft weiter. Mit *Start* setzt man die Uhr wieder auf Null, und der Stopvorgang beginnt von vorne.

[Bemerkung]: Ab Version 4. Die Bemerkung kommentiert den Start bzw. das Ende der Zeitmessung kommentiert. Besteht der Kommentar aus mehr als einem Wort, so ist die Bemerkung in Anführungszeichen zu setzen.

[Parameter]:

/cn: Mit diesem Parameter wählen Sie eine von vier Stoppuhren aus. N kann Werte von 1 bis 4 annehmen. Vordefiniert: */c1.*

>Datei: Speichert die Ausgabe in einer Datei, statt sie auf dem Bildschirm auszugeben.

/l: Die Stoppuhrmeldung wird am linken Bildschirmrand ausgegeben.

/log: Säubert die Ausgabe von Steuerzeichen, so daß ein Ausdruck oder das Speichern in einer Datei korrekt erfolgt.

/n: Uhrzeit und Datum werden bei der Ausgabe weggelassen. Nur die Dauer des Stoppvorgangs wird abgebildet.

>prn: Druckt die Ausgabe aus (Systemeinheit prn). Nur in Verbindung mit */log* möglich!

```
tm start /c2/l:
Die zweite Stopuhr (/c2) wird am linken Bildrand (/l) gestartet.
```

```
tm stop Halt! /log>prn:
Die Zeituhr wird mit der Bemerkung "Halt!" gestoppt und alles ausge-
druckt (/log>prn).
```

TS - TEXT SEARCH

Information

Version 3, 4, 4.5

ts [Suchtext] [Parameter]
   oder
ts [Laufwerk] [Verzeichnis] [Datei] [Suchtext] [Parameter]

Mancher Programmierer wüßte wohl kaum, in welcher seiner Dateien sich das Wort "Zahnradbahnhofsfahrplan" befindet. Erst nach langer Suche würde er dies herausfinden - wenn da nicht Meister Norton wieder so ein fixes Utility in der Schublade hätte: TEXT SEARCH.

```
ts
TS-Text Search, Advanced Edition 4.50, (C) Copr 1907-08, Peter Norton

Select search within FILES, all of DISK, or ERASED file space
Press F, D, or E ... D

Searching entire disk

Current drive is C:
Press the letter of the drive to search... C:

To copy text into a file, enter the file specification
including the drive letter, or press enter to not copy
  File: derr

The file and the drive to search must be different
Please specify a file on another drive

To copy text into a file, enter the file specification
including the drive letter, or press enter to not copy
  File: a:derr

Enter specific text to search for
Or press enter for any text
  Text: Der Wolf

Searching C: cluster number 37, sectors 255 - 254
```

```
ts
TS-Text Search, Advanced Edition 4.50

Suche innerhalb DATEIEN (F), auf der ganzen DISKETTE (D), oder im GELÖSCHTEN Bereich (E)
Drücken Sie F, D, oder E ... D

Suche auf der ganzen Diskette

aktuelles Laufwerk ist C:
Drücken Sie den Buchstabe des Laufwerkes an... C:

Um den Text in eine Datei zu kopieren, geben Sie den Dateinamen einschließlich des Buchstabens für das Laufwerk
ein, oder drücken Sie Enter zum Ignorieren
  Datei: derr

Die Datei darf nicht in dem Laufwerk, das untersucht wird, abgespeichert werden.

Um den Text in eine Datei zu kopieren, geben Sie den Dateinamen einschließlich des Buchstabens für das Laufwerk
ein, oder drücken Sie Enter zum Ignorieren
  Datei: a:derr

Geben Sie den zu suchenden Text ein oder drücken Sie Enter um einen beliebigen Text zu suchen.
  Text: Der Wolf

Suchen auf C: Cluster Nummer 37, Sektoren 255-254
```

Bild 6-13 Textsuche

Wenn Sie TS ohne nähere Angaben aufrufen, wird gefragt, ob Sie in Dateien, auf der ganzen Diskette oder nur im gelöschten Bereich suchen wollen (s. Bild 6-13). Sodann wird nach dem Dateinamen (nur, wenn Sie das Suchen in Dateien ausgewählt haben), dem Laufwerk, der Datei, in der die Fundorte gesammelt werden sollen (nur, wenn Sie E oder D eingegeben haben. Diese Datei muß auf einem anderen Laufwerk abgespeichert werden, da nicht gleichzeitig auf einem Laufwerk abgespeichert und untersucht werden kann.) und dem verschollenen Text gefragt. Sie sehen also, diese Art des Aufrufs fragt Ihnen zahlreiche Löcher in den Bauch und ist deshalb nicht unbedingt zu empfehlen. Praktischer ist es, wenn Sie alle Angaben direkt in der Befehlszeile machen.

Übrigens sinkt die Wahrscheinlichkeit, daß TS die gesuchte Textstelle findet, mit der Anzahl der Worte, die auf einmal gesucht werden sollen. Bei einem Wort gibt es noch keine Probleme, aber schon bei zwei Worten geht das Theater los: Bei Textverarbeitungsprogrammen mit automatischem Zeilenumbruch ist es möglich, daß die zwei Worte in zwei verschiedenen Zeilen liegen, also durch ein intern vom Programm gesetztes <RETURN> getrennt sind. Somit kann die Stelle nicht mehr gefunden werden. Je mehr aufeinanderfolgende Worte auf einmal gesucht werden sollen, desto unwahrscheinlicher ist es, daß die Textstelle gefunden wird.

[Suchtext]: Eingabe der Textstelle, nach der gesucht werden soll. Besteht sie aus mehreren Wörtern, so ist der zu suchende Text in Anführungszeichen zu setzen.

[Laufwerk]: Das Laufwerk wird angegeben.

[Verzeichnis]: Angabe des Verzeichnisses, in dem gesucht werden soll.

[Datei]: Angabe der Datei, in der gesucht werden soll.

[Parameter]:

/a: Es wird automatisch gesucht. TS fragt dann nicht mehr jedesmal, wenn etwas gefunden wurde, ob es weitersuchen soll.

/cn: TS beginnt mit der Suche ab Cluster n. Nur möglich, wenn auf der ganzen Diskette oder im gelöschten Bereich der Diskette gesucht werden soll.

/cs: Es wird zwischen Groß- und Kleinbuchstaben unterschieden, was im Normalfall nicht der Fall ist.

/d: Es wird auf der ganzen Diskette und Festplatte gesucht.

>Datei: Die Fundorte werden in einer Datei gespeichert.

/e: Es wird nur im gelöschten Bereich gesucht.

/ebcdic: Dateien, die im EBCDIC-Code, der besonders bei Großrechnern Verwendung findet, vorliegen, werden korrekt untersucht.

/n: TS leitet nun seine Bildschirmausgaben über ANSI.SYS. Computer, die nicht voll kompatibel sind, erhalten so ebenfalls eine korrekte Bildschirmausgabe.

/s: Auch die Unterverzeichnisse, die sich unter dem angegebenen oder aktuellen Verzeichnis befinden, werden untersucht (engl. subdirectory: Unterverzeichnis). Nur beim Suchen in Verzeichnissen bzw. Dateien möglich.

/t: Die Fundstellen werden nicht mehr ausgegeben, sondern es wird lediglich der Name der Datei angegeben, in der der gesuchte Text gefunden wurde. Geht ebenfalls wie */a* automatisch und ohne Sicherheitsabfrage nach jedem Fundort vor sich.

/ws: Muß bei Suche in Dateien verwendet werden, die nur sieben Bit der 8 Bit des ASCII-Codes nutzen. Bekanntestes Beispiel: Wordstar, bei dem das achte Bit für eigene programminterne Zwecke genutzt wird. Aus diesem Grund können auch die deutschen Sonderzeichen nicht beachtet werden.

```
ts "Larry" /d/a/c10:
Sucht den Namen "Larry" auf der ganzen Diskette (/d) automatisch (/a)
ab Cluster 10 (/c10).


ts \norton "Utility":
Sucht im Verzeichnis Norton das Wort "Utility".
```

UD - UNREMOVE DIRECTORY

Rettung

Version 3, 4, 4.5

ud [Laufwerk] [Verzeichnis]

UD ermöglicht das Wiederherstellen von mit dem DOS-Befehl RD (RUBBER DIRECTORY) gelöschten Verzeichnissen. Auch hier gilt: Je mehr Schreibvorgänge durchgeführt wurden, desto unwahrscheinlicher ist es, daß das Verzeichnis gerettet werden kann. Der erste Buchstabe des Verzeichnisnamens ist wieder zu ersetzen.

UD stellt die Verzeichnisse in zwei Schritten wieder her: Im ersten wird gefragt, ob das Verzeichnis gelöscht werden soll. Dann ist der Anfangsbuchstaben anzugeben, und UD restauriert das Verzeichnis, das noch leer ist. Wenn das wiederherzustellende Verzeichnis direkt angegeben wird, entfällt die Sicherheitsabfrage.

Zum zweiten gibt UD eine Gruppe von Dateien, die in Frage kommen, auf dem Bildschirm aus und fragt, ob diese in das Verzeichnis kopiert werden sollen. Im Normalfall wird es UD bemerken, wenn das Ende des Verzeichnisses erreicht ist. Ist das der Fall, so beendet UD seine Arbeit. Ansonsten müssen Sie UD anhalten, wenn Sie alle Dateien des Verzeichnisses wiederhergestellt haben, indem Sie auf die Frage, ob UD nach in Frage kommenden Dateien weitersuchen soll (*"Search for more?"*) mit "N" antworten.

[Laufwerk]: Das Laufwerk wird angegeben.

[Verzeichnis]: Angabe des Verzeichnisses, das gerettet werden soll. Ohne vollständige Verzeichnisangabe (ganzer Pfad) werden alle Verzeichnisse unterhalb des aktuellen oder angegebenen aufgelistet und für jedes einzelne gefragt, ob es rekonstruiert werden soll.

```
ud c:\norton:
```
Im Verzeichnis "norton" wird nach gelöschten Unterverzeichnissen gesucht, die alle nach einer Sicherheitsabfrage wiederhergestellt werden können. Existiert das Verzeichnis "norton" nicht mehr, so wird es selbst rekonstruiert.

VL - VOLUME LABEL

DOS-Erweiterung

Version 3,4,4.5

vl [Laufwerk] [Diskettenname]

```
vl
VL-Volume Label, Advanced Edition 4.50, (C) Copr 1987-88, Peter Norton

There currently is no volume label in drive C:

    Press Enter to leave old label unchanged, or
    Press Delete to remove old label, or
    Enter new label: New Name---
```

```
vl
VL-Volume Label, Advanced Edition 4.50

Laufwerk C hat im Augenblick keinen Namen:

Drücken Sie Enter, um den Namen unverändert zu lassen, oder
drücken Sie Delete um den alten Namen zu löschen, oder
geben Sie den neuen Namen ein: New Name---
```

Bild 6-14 Name für die Diskette

Mit VL können Sie der Diskette menügesteuert einen Namen geben (s. Bild 6-14), der bei jedem DIR-Befehl mit ausgegeben wird. Das ist zwar mit dem DOS-Befehl LABEL auch möglich; dieser ermöglicht jedoch nicht wie VL die Unterscheidung zwischen Groß- und Kleinbuchstaben, und deutsche Sonderzeichen können damit auch nicht dargestellt werden. Wird VL ohne Parameter aufgerufen, so wird menügesteuert ein Name vergeben. Auch Festplatten können benannt werden.

[Laufwerk]: Das Laufwerk wird angegeben.

[Diskettenname]: Der Diskettenname darf maximal 11 Buchstaben umfassen. Besteht er aus mehreren Wörtern, so muß der Name in Anführungszeichen stehen.

```
vl a: "New Name":
Der Diskette in Laufwerk A wird der Name "New Name" gegeben.
```

130

WIPEDISK

Löschen total

Version 3, 4, 4.5

wipedisk Laufwerk [Parameter]

Mit WIPEDISK wird die ganze Diskette nicht nur gelöscht, sondern auch überschrieben, kann also auch mit QU nicht mehr restauriert werden. Vor dem Löschvorgang erscheint noch eine Sicherheitsabfrage. Eine Diskette, die mit WIPE-DISK gelöscht wurde, muß vor jeder weiteren Verwendung erst noch formatiert werden.

Laufwerk: Das Laufwerk wird angegeben.

[Parameter]:

/e: Lediglich die leeren und die gelöschten Bereiche der Diskette werden überschrieben.

/g: Die Diskette wird gemäß den Sicherheitsbestimmungen in den USA dreimal mit einer 01010101-Reihe überschrieben. Zur Kontrolle macht WIPEDISK dann noch den Versuch, die Dateien zu lesen.

/gn: Ab Version 4.5. Die Diskette wird gemäß den Sicherheitsbestimmungen in den USA n mal mit einer 01010101-Reihe überschrieben. Zur Kontrolle macht WIPEDISK dann noch den Versuch, die Dateien zu lesen. Vordefiniert für n: 3 Überschreibungen.

/rn: Der Schalter */rn* bestimmt, wie oft die Diskette überschrieben werden soll. N gibt die Anzahl der Schreibvorgänge an. Ohne */rn* wird die Diskette einmal überschrieben.

/vn: Bestimmt das Zeichen, mit dem die Diskette überschrieben werden soll. N entspricht dem ASCII-Code (Zahl von 0 bis 255) des Zeichens. Ohne */vn* werden Nullen verwendet (ASCII-Code 0). Wenn */g* aktiv ist, ist der ASCII-Code 246 vordefiniert.

wipedisk a: /r5:
Die Diskette in Laufwerk A wird fünf mal (/r) mit Nullen überschrieben.

WIPEFILE

Löschen total

Version 3, 4, 4.5

wipefile [Laufwerk] [Verzeichnis] Datei [Parameter]

WIPEFILE löscht Dateien vollständig, auch versteckte Dateien und Systemdateien. Das heißt, es werden nicht nur die Einträge in der FAT gestrichen, sondern die Datei wird überschrieben, ist also auf keine Weise mehr zurückzugewinnen, auch nicht mit QU! Bevor eine Datei gelöscht wird, wird ab der Version 4 zur Sicherheit gefragt, ob sie wirklich entfernt werden soll.

```
wipefile a:*.*
WF-Wipe Files, Advanced Edition 4.50, (C) Copr 1987-88, Peter Norton

              Action:  Wipe the files
            FileSpec:  A:\*.*
      Sub-directories: No
          Wipe count:  1
          Wipe value:  0

Do you wish confirmation for each file (Y/N) ? [Y]

Directory: A:\
      copyrigh.t    Wiped clear. Deleted.
      menu.bas      Skipped.
      golf.bas      Wiped clear. Deleted.
      check.bas     - Do you wish to wipe this file (Y/N) ? Z
      check.bas     Wiped clear. Deleted.
      anatomy.bas   Skipped.
      palette.bas   Wiped clear. Deleted.
      fileinfo.fi   Wiped clear. Deleted.
```

```
wipefile a:*.*
WF-Wipe Files, Advanced Edition 4.50

            Handlung: Dateien auslöschen
           Dateiname: A:\*.*
   Unterverzeichnisse: Nein
        Löschzähler: 1
          Löschwert: 0

Wünschen Sie eine Sicherheitsabfrage für jede Datei (Y/N) ? [Y]

Verzeichnis: A:\
      copyrigh.t    Ausgelöscht.
      menu.bas      Übersprungen.
      golf.bas      Ausgelöscht.
      check.bas     - Wollen Sie diese Datei auslöschen (Y/N) ? Z
      check.bas     Ausgelöscht.
      anatomy.bas   Übersprungen.
      palette.bas   Ausgelöscht.
      fileinfo.fi   Ausgelöscht.
```

Bild 6-15 Unwiederbringliche Dateilöschung

[Laufwerk]: Das Laufwerk wird angegeben.

[Verzeichnis]: Angabe des Verzeichnisses.

Datei: Angabe des Dateinamens. Wird keine Datei angegeben, so werden die Dateien menügesteuert gelöscht (s. Bild 6-15).

[Parameter]:

/g: Die Dateien werden gemäß den Sicherheitsbestimmungen in den USA dreimal mit einer 01010101-Reihe überschrieben. Zur Kontrolle macht WIPEFILE dann noch den Versuch, die Datei zu lesen.

/gn: Ab Version 4.5: Die Dateien werden gemäß den Sicherheitsbestimmungen in den USA n mal mit einer 01010101-Reihe überschrieben. Zur Kontrolle macht WIPEFILE dann noch den Versuch, die Datei zu lesen. Vordefiniert für n: 3 Überschreibungen.

/n: Die Dateien werden gelöscht, aber nicht überschrieben. Entspricht dem DOS-Befehl DEL.

/p: Nur in den Versionen 3 und 4.5. Mit dem Schalter /p wird voreingestellt, daß man vor dem Löschen bei jeder Datei erst eine Sicherheitsabfrage über sich ergehen lassen muß. Ab Version 4 wird vor dem Löschen gefragt, ob bei jeder Datei eine Abfrage durchgeführt werden soll oder nicht. Auch wenn dieser Schalter nicht aktiviert wurde, wird am Anfang gefragt, ob wirklich gelöscht werden soll.

/rn: Der Schalter /rn bestimmt, wie oft eine Datei überschrieben werden soll. N gibt die Anzahl der Schreibvorgänge an. Ohne /rn wird die Datei einmal überschrieben.

/s: Auch die Unterverzeichnisse, die sich unter dem angegebenen oder aktuellen Verzeichnis befinden, werden nach Dateien durchsucht.

/vn: Bestimmt das Zeichen, mit dem die Datei überschrieben werden soll. N entspricht dem ASCII-Code (Zahl von 0 bis 255) des Zeichens. Ohne /vn werden Nullen verwendet (ASCII-Code 0). Wenn /g aktiv ist, ist der ASCII-Code 246 vordefiniert.

wipefile a:*.bat /s:

Alle Dateien mit dem Dateizusatz .bat werden im aktuellen und allen darunterliegenden Verzeichnissen (/s) gelöscht.

wipefile text.txt /r10/v65:

Die Datei "text.txt" wird zehn mal (/r10) mit einem "A" (=ASCII-Code 65) überschrieben.

7 Nach Anwendungsgebieten geordnete Befehlsliste

In diesem Kapitel werden die Befehle von Norton Utilities nach ihren Anwendungsgebieten geordnet. Diese Gliederung erlaubt ein systematisches Suchen nach Befehlen, wenn Sie den Rest des Buches verlegt haben. Die Befehle sind in verschiedene Kategorien eingeteilt, ihre Funktion wird kurz erläutert und auf die entsprechende Seite verwiesen.

DOS-Erweiterung	Funktion	Seite
Batch Enhancer	*(neue Befehle)*	79
Safe Format	*(neue Formatierroutine)*	73
Time Mark	*(Uhren)*	124
Volume Label	*(Diskettennamen vergeben)*	130

Info	Funktion	Seite
Disk Information	*(Info über Diskette)*	89
File Find	*(Position der Datei)*	102
File Info	*(Kommentar zur Datei)*	103
File Size	*(wahre Größe der Datei)*	109
List Directory	*(Verzeichnisbaum)*	111
System Information	*(Systemkonfiguration)*	122
Text Search	*(Suchen eines Textes)*	125

Löschen total	Funktion	Seite
Wipedisk	*(Verzeichnis)*	131
Wipefile	*(Datei)*	132

Parameter ändern	Funktion	Seite
File Attribute	*(Attribute)*	97
File Date	*(Datum)*	100
Line Print	*(Druckersteuerung)*	113
Norton Control Center	*(Systemparameter)*	40

Rettung	Funktion	Seite
Format Recover	*(Formatierte Festplatte)*	105
Quick Unerase	*(Dateien)*	120
Unremove Directory	*(Verzeichnisse)*	129

Sonstiges	Funktion	Seite
Directory Sort	*(Verzeichnis sortieren)*	90
Norton Change Directory	*(Verzeichnis wechseln)*	116
Speed Disk	*(Diskettenoptimierung)*	64

Test	Funktion	Seite
Disk Test	*(schneller Diskettentest)*	94
Norton Disk Doctor	*(umfassender Diskettentest)*	58

8 Schlüsselverzeichnis

141

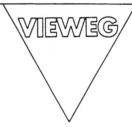

Peter Norton und Richard Wilton

Peter Nortons
neues Programmierhandbuch
für IBM PC & PS/2

*(The new Peter Norton Programmer's Guide to the IBM PC and
PS/2, dt.) Aus dem Amerikanischen übersetzt von Bert Gillert,
Translingua. Ein Microsoft Press/Vieweg-Buch. 1989. XII,
492 Seiten. 18,5 x 23,5 cm. Gebunden.*

Der Name „Peter Norton" steht bereits für Expertenwissen der
Programmierung schlechthin. Mehr noch galt bisher das „Pro-
grammierhandbuch für den IBM PC" als das unabdingbare Stan-
dardwerk der PC-Literatur. Nunmehr gibt es den neuesten Peter
Norton – ein Microsoft Press/Vieweg-Buch, das neue Maßstäbe
setzt.

Der Programmierer erhält mit diesem Buch alle notwendigen
Informationen, um mit seinem Rechner (IBM PC, PS/2 oder Kom-
patible) effizient umgehen zu können. Zum Beispiel geht es um
folgende Inhalte: Aufbau von PC und PS/2 – Interne Kommunika-
tion – ROM-Software – Externspeicher – ROM BIOS – Hilfspro-
gramme – DOS-Interrupts – DOS-Funktionen – Interface-Routi-
nen – Schnittstelle zu Programmiersprachen.

Die Datenangaben zu den PCs und PS/2, die Beschreibung der
technischen Details und ausführliche Tabellen erläutern die
Unterschiede und Gemeinsamkeiten der jeweiligen Rechner-
architektur. Der Programmierer erhält alle essentiellen Informationen, um klare, übersichtliche und professionelle Programme zu
entwickeln. Programme, wie sie Peter Norton selbst nicht besser
hätte konzipieren können!

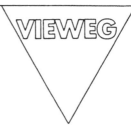

Van Wolverton

MS DOS

Das optimale Benutzerhandbuch von Microsoft für
das Standardbetriebssystem des IBM PC und alle
kompatiblen Personal-Computer. Mit Version 4.0 und
der neuen DOS-Shell.

*Aus dem Amerikanischen übersetzt von Gerald
Pommranz. Ein Microsoft Press/Vieweg-Buch.
4., überarbeitete und erweiterte Auflage 1989. XX,
628 Seiten. 18,5 x 23,5 cm. Kartoniert.*

Nunmehr liegt die 4., überarbeitete und erweiterte Auf-
lage des erfolgreichen Benutzerhandbuches zum
Betriebssystem MS-DOS von Microsoft Press vor. Die
Presse schreibt zur 1. Auflage des Buches:

*„Die ausführliche Beschreibung aller Problembe-
reiche und der dazugehörigen Befehle, zahlreiche
Anregungen und viele Beispiele machen auch die
deutsche Ausgabe des hervorragend ausgestatteten
Buchs zu einem Lesevergnügen, wie es nicht allzuoft
im Mikrocomputerbereich zu finden ist."* (micro)

*„Der Unterschied dieses Buches zu den mit den
Systemen mitgelieferten Handbüchern? Keine Befehl-
sauflistung, sondern ein strukturierter Aufbau mit
didaktischem Flair. Kein Buch zum Lesen – ein Buch
zum Anwenden!"* (Faszination)